好父母修炼手册

小学卷

李烈 主编

中国言实出版社

图书在版编目(CIP)数据

好父母修炼手册. 小学卷 / 李烈主编. -- 北京：中国言实出版社，2024.1
ISBN 978-7-5171-4730-5

Ⅰ.①好… Ⅱ.①李… Ⅲ.①小学生－家庭教育 Ⅳ.①G78

中国国家版本馆CIP数据核字（2024）第018509号

好父母修炼手册·小学卷

责任编辑：史会美
责任校对：张天杨

出版发行：	中国言实出版社
地　　址：	北京市朝阳区北苑路180号加利大厦5号楼105室
邮　　编：	100101
编辑部：	北京市海淀区花园北路35号院9号楼302室
邮　　编：	100088
电　　话：	010-64924853（总编室）　010-64924716（发行部）
网　　址：	www.zgyscbs.cn　电子邮箱：zgyscbs@263.net

经　　销：	新华书店
印　　刷：	北京温林源印刷有限公司
版　　次：	2024年6月第1版　2024年6月第1次印刷
规　　格：	880毫米×1230毫米　1/32　10.75印张
字　　数：	200千字

定　　价：58.00元
书　　号：ISBN 978-7-5171-4730-5

本书编委会

主 编：李 烈

编 委：（以下按姓氏笔画排序）

马 骏　王 英　王红艳

华应龙　安海霞　阮守华

吴 健　狄永杰　张 燕

陈立华　梁小红

序　言

父母和孩子之间究竟是一种什么样的关系呢？是缘分，是修行，是最终的分离，也是一场相依为伴的成长。

如何完成这场成长，《好父母修炼手册·小学卷》从以下几个角度引发了我们的思考。

第一，尊重孩子成长中变化的规律，正视孩子成长中出现的问题。

今天的孩子，生活在信息丰富，科技发达的社会。小学高年级学生自身已经迈入青春期，个性渐渐显露，渴望逐步独立。然而面对大量的信息，复杂的社会交往环境，他们认识世界、分析处理问题的能力还有限，由此与家长产生的矛盾和冲突就渐渐多起来。从如何使用电子产品、如何安排学习时间、甚至假期活动的安排，他们都会有强烈的自主愿望。与年幼听话时相比，他们更愿意按照自己的想法去做事。此时的家长如果能及时发现和理解这是孩子的青春期来临了，自我意识在觉醒，就会尊重孩子成长中变化的规律，用孩子喜欢的方式与他们沟通和交流。在孩子遇到问题时能够倾听心声，多鼓励，尽量与孩子共情，尽力做到"我懂你"；在孩子遇到困惑和挫折时，与孩子一起想办法，共同面对和解决问题；以允许错误发生的心态，耐心等待孩子在试错中慢慢成长。如此，既能让孩子感受到父母的尊重和关爱，又能感受到父母的理解和信任。

当然，在孩子成长的过程中，除了要尊重变化的规律，还要正视出现的问题，要敬畏规则，坚守底线，孩子可以不优秀，但不可以没教养。有些问题往往是因为孩子对规则、礼仪、秩序等方面的认识不够清晰；对事情的后果和对他人的影响考虑不够全面等造成的。作为父母不能只是认为孩子年纪小，不懂事，就任其发展。孩子的成长往往是个需要具体学习的过程，更是良好习惯培养的过程。明确告诉孩子怎样遵守公共场所的秩序和规则；明知故犯后给予孩子严肃的批评和适度的惩戒；亲身示范待人接物的礼仪和待人处事的方法；耐心引导孩子换位思考自己的行为给他人带来的影响和感受等。让孩子既感受到父母对于规则的敬畏和坚守，也感受到父母的期望和爱护，这才是我们作为父母对孩子最好的言传身教。如此，孩子才能够思有所畏，言有所戒，行有所止。文明自律，明辨是非，敢于承担，健康成长。

第二，营造安全且和谐的家庭氛围，减少因家庭矛盾带来的影响。

"生活即教育"，好的家庭氛围和成长环境，能够让全家人身心愉悦，不畏困难。和谐的夫妻关系、亲子关系都是孩子成长中最好的依靠和保障，也是一个家庭最重要、最牢靠的纽带。那些酷爱读书，勤于交流的父母，是通过自己的行动影响孩子走进阅读的世界；那些肯把时间花在关注、参与孩子运动、学习、交往、娱乐等方面的父母，是通过高质量的陪伴为孩子的成长助力；那些肯安静倾听，睿智引导的父母，是用信任和智慧为孩子打开了沟通的大门。孩子在这样安全、温暖的家庭氛围中，就会逐渐学会爱与被爱，学会专注与分享，进而形成阳光心理与健康人格。

当然，大多数人不太可能每时每刻都完美地控制自己的情绪，当自己被各种负面情绪笼罩时，可以坦率地告诉孩子，你需要时间冷静、平复心情。这实际上也是在通过父母处理情绪的方式，慢慢引导、告知孩子认知到，有负面情绪不可怕，勇敢地面对，积极地处理，问题终会解决。

此外，人生未必都圆满，当父母对孩子的教育观念、培养目标不一致而争吵时，孩子会感到恐惧和无所适从。而夫妻间不当着孩子面争吵，保持良好的沟通更有助于建立一致的教育目标，形成相对统一的教育方式，这样孩子得到的快乐和助力才能更大。当父母之间出现一些不可调和的矛盾甚至分开时，孩子会感到悲伤和孤独无助。作为父母，无论夫妻间出现了什么矛盾，都能在尽量减少因此给孩子带来影响和伤害的前提下，尽力处理好家庭关系。与孩子保持及时、顺畅的沟通，适时适度表达对孩子的关爱，不放弃自己教育的责任。如此，孩子才会相信，无论父母在不在一起，都是他一生最可信赖的亲人，都会始终关爱他，支持他。孩子在这样开放、有爱的引导下，就会逐渐学会理解和宽容。

好的家长就是孩子一生最好的老师。而家长在营造安全和谐的家庭氛围中，在减少因家庭矛盾带来影响的过程中，在教育陪伴孩子的经历中，也通过不断学习、实践、反思、调整，得到了自我的完善和成长。与孩子相伴而行，让我们多了一次重新审视自己、再次获得成长的机会；与孩子相伴而行，让我们多了一次调整脚步、全家共同前行的机会。

第三，以家庭为阵地，以学校为助力，相互信任，形成合力。

家庭是孩子出生、成长的摇篮，在孩子的一生中起着不可替代的重要作用。而学校，是孩子拓宽视野，学会交往的又一重要场所。孩子们每天在家庭和学校之间往来，父母与老师都是孩子成长中不可或缺的重要陪伴者、教育者。因此，家校关系在孩子的成长过程中就显得至关重要。当二者的教育目标、教育观念、教育方法不一致时，孩子不但得不到助力，而且会感到茫然无措，教育效果大打折扣。苏霍姆林斯基曾说过："教育的效果取决于学校家庭的一致性，如果没有这种一致性，学校的教学、教育就会像纸做的房子一样倒塌下来"。家庭和学校首先要在遵循孩子年龄特点与成长规律、促进孩子全人发展上达成共识。其次，当教育方面遇到问题时，家庭和学校要积极沟通，在教育观念和教育方式上达成共识，形成对孩子的教育合力。及时的沟通，相互的信任，彼此的支持，都会让这份合力变得更加强大，而最终这份合力也会变成孩子成长中最强劲的助力！

与孩子共同成长的过程中，总有新问题，总有新发现，总有新收获。《好父母修炼手册·小学卷》就融汇了多位教育专家的智慧，相信会从多角度为年轻的父母们带来思考和启示。

李 烈

2024 年 1 月 10 日

目 录 CONTENTS

家校共育篇

科学对待孩子的挑战行为   梁小红 ／ 002

孩子升入小学高年级后，会出现一些挑战行为，为人父母应该把培养孩子的挑战看成机会，科学对待这些挑战行为。

打通"任督"二脉，为学习赋能   安海霞 ／ 013

学习的"任督"二脉——学习兴趣和学习习惯，对于初入学儿童的学习能力培养至关重要，家长应协助孩子培养学习兴趣，养成良好的学习习惯。

孩子，我懂你   杨 慧 ／ 021

六年级孩子正处于儿童心理向青少年心理的过渡期，作为家长要理解孩子，尊重孩子，读懂孩子的错误，帮助孩子顺利度过青春期。

爱上阅读贵在"认真+坚持"   温 静 ／ 029

阅读的好处不言而喻，应引导孩子爱上阅读并坚持阅读，慢慢地让阅读成为一种习惯。

聊聊"陪玩"和"共读"   赵　岩／032

  阅读是获取知识的重要手段和最好途径，希望家长可以成为有协助能力的大人，陪孩子一路玩下去、读下去。

生活即教育   郭　静／037

  生活即教育，教育就发生在家里，家长，就是孩子最好的老师。家长可以和孩子一起运动，一起劳动，一起阅读，共同成长。

辅导孩子的第一目标   华应龙／041

  辅导孩子的第一目标是激发兴趣，而辅导孩子的过程，主要是化错。化错教育最高的境界是自化。

同心同行，从家庭教育走向家校共育   吴　健／052

  家庭教育和学校教育有教育对象、教育理念和教育方法三方面的矛盾，家校共育需要家庭和学校一起使劲，共同担责，共同教育。

家长怎么当孩子的老师   华应龙／062

  家长要想成为一个好老师，就要先学后教、先听后讲、先做后想。孩子小的时候，家长费心教了；孩子长大了，家长就省心了，就幸福了。

教育 4.0 时代，如何科学"鸡"娃   王红艳／069

  教育进入 4.0 时代，孩子们竞争的已经不是知识、信息、渠道，而是适应未来社会的学习力和幸福力。那么如何才能科学"鸡"娃呢？

家校携手，助力孩子走好成长第一步　　　　李　伟　／ 078

幼升小是孩子成长过程中一个新的起点，孩子入学后会面临生活作息、学习内容与方法等方面的改变，此时家庭教育和学校教育应步调一致。

家长要不要陪伴孩子写作业　　　　安欣颖　／ 107

关于家长要不要陪伴孩子写作业，家长们有两种声音：家长应陪得义无反顾和家长不应该陪孩子，但这两种声音不是完全对立的。

一年级，如何让孩子有个良好的开端　　　　阮守华　／ 115

小学一年级是整个学业的开端，良好的开端是成功的一半，因此家长要在一年级为孩子制造良好的开端。

做赋能型家长，共育心理健康的小学生　　　　成燕芝　／ 128

蒙童养正，家校共育，做好家庭教育，家长应育人先育己，储备养分，做一个"赋能型"家长，与孩子共同成长。

家校共育视角下的小升初衔接应对策略　　　　阮守华　／ 134

从小学升入初中，是学生成长的重要时期，在这个关键的过渡期，需要教师和家长的帮助与引领。

孩子需要的才是真的好　　　　李　亿　／ 143

如何处理好孩子和伙伴的关系是很多家长关注的问题，家长参与到孩子的交友过程中时需要注意朋友的选择和与老师的互动等问题。

亲子关系篇

不是赢了孩子，而要赢得孩子   杨玉莹 ／ 152

每个孩子都是独特而独立的小生命，在家庭中，父母应该宽容、共情、尊重、肯定、表扬和鼓励孩子，学会向孩子示弱，才能赢得孩子。

没有长不大的孩子，只有"没断奶"的爸妈   杨玉莹 ／ 161

社会上出现越来越多"幼儿式"的父母，父母与孩子出现角色颠倒的现象，"长不大"的父母已经成为一种社会问题。

溺爱孩子的十大陷阱   杨玉莹 ／ 169

溺爱孩子有两种类型：放纵型溺爱和包办型溺爱。不少父母打着尊重的旗号溺爱孩子，但忘了爱子则应为之计远。

如何夸出好孩子——小表扬有大学问   杨玉莹 ／ 179

小表扬也需要大智慧，需要看到并记录孩子的努力和坚持，肯定孩子的好态度和好想法，重视孩子思考和尝试的过程，关注孩子的好习惯和好品质。

爸爸的魔法   张冬梅 ／ 188

爸爸的魔法可以是一句暖心的话语，可以是一个鼓励的眼神，可以是一个深情的拥抱，无须惊天动地，只需润物细无声。

错误是学习的好机会   杨 慧 ／ 193

从幼儿园进入小学是孩子早期成长过程中一次重要的转折。随着角色的转变，孩子在成长过程中犯错很正常，家长要允许孩子犯错，更要帮助孩子从错误中学习。

大气的父母，成就大器的孩子　　　　　　　　陶业曦／200

　　家长们呈现的不同处事态度和方式，直接影响着孩子与同伴的交往方式，有大气、有格局的父母进行言传身教，孩子才能成大器。

放下"虎妈"的权杖，与"蜗牛"同行　　　　高　欣／206

　　现在的孩子有想法，渴望凡事去实践，所以家长是时候放下"虎妈"的权杖，去听听孩子内心的声音，做一只"蜗牛"的忠实粉丝。

高质量亲子关系——陪孩子去探索星辰大海　　陈立华／217

　　为了建立高质量的亲子关系，可以对孩子多一些担待，多一些放手，多一些理解，多一些理性，与孩子一起成长。

怎样和孩子说话　　　　　　　　　　　　　　王芊婷／229

　　语言是成人对孩子进行教育的一种途径。父母应该采用得体的语言，科学有效地教育孩子。

怎样正确地给予孩子物质奖励　　　　　　　　杨玉莹／232

　　正确地给予孩子物质奖励，即聪明、正确地给孩子花钱。家长在给孩子物质奖励时，应该掌握一定的方法和技巧，使孩子树立正确的价值观，让奖励发挥教育价值。

适时　适度　适宜　　　　　　　　　　　　　马东杰／241

　　在对的时间和地点遇到对的人，这是有人对美好爱情的憧憬。这种理想状态其实也适用于家庭教育，即适时、适度地做适宜的事情。

母爱如水，滋养孩子幼小的心灵　　　　　　　安海霞／250

　　母爱如水，是滋养心灵的泉水，宽厚包容，又柔韧坚强，让孩子获取足够的信任与安全感，逐步地推动孩子远航。

如何做个好妈妈　　　　　　　　　　　　　　马　骏／256

　　做个好妈妈，前提是了解孩子，重要条件是尊重孩子，而"会爱"是做好妈妈所需的一种能力，只有这样才能扮演好自己的角色。

与娃共读，相伴成长　　　　　　　　　　　　张　建／266

　　身为父母，应该引导孩子阅读，与孩子共同去探寻、品味其中的快乐，最有效的办法就是与娃共读。

让有效陪伴助力阅读　　　　　　　　　　　　韩　颖／272

　　童年是一个人形象思维发展的最好时期，与孩子一同阅读，作用无穷。家长陪伴孩子阅读，需要正确的方式方法。

——————自我成长篇——————

小妙招让孩子赢在社交起点　　　　　　　　　王红艳／278

　　怎么引导孩子快速适应新的环境，相互尊重并友好相处，是一个值得家校共同关注的话题，家长应掌握一些小技巧。

错着、错着、错着，就对了！　　　　　　　　华应龙／288

　　一想错了，那是常态。差错常常先于正确来到人们的面前，错了没关系，只要不放弃。错着、错着、错着，就对了！

同伴交往中问题的解决 李建丽 / 298

孩子上了小学之后，当与同伴交往出现问题时，家长的态度对孩子来说是一个重要的信息传递，所以家长要理智地面对问题。

如何提高小学低年级孩子的学业自信 王 英 / 301

提高孩子的学业自信，需要找到孩子的能力优势，可以通过"小步子"辅导法塑造自信，通过睡前总结，自我比较，更能看到进步。

我的时间我做主 狄永杰 / 310

一年级是孩子人生的一个重要转折，作为一年级的家长，应该帮助孩子建立起必要的时间观念，为孩子今后的学习生活打下良好基础。

一起体验户外运动的故事 李 聪 / 317

通过体验户外运动，可以激活人的生命力，收获更多的故事和成长，把自己融入大自然的清风、阳光和雨露中，享受悠然和平静。

点燃孩子学习的自觉性 彭丽国 / 322

如今，"使每一个孩子终身学习"成为时代命题，其主阵地是家庭。家长应点燃孩子学习的自主性，使其开辟一条通向成功之路。

家校共育篇

科学对待孩子的挑战行为

孩子升入小学高年级后,会出现和家长争辩、顶嘴、拒绝执行家长提出的某些要求等挑战行为,为人父母应该把培养孩子的挑战看成机会,科学对待这些挑战行为。要理解孩子出现挑战行为的原因是孩子自我意识、独立意识的发展,生活经验的丰富和生活能力的提升等,家长应采取营造和谐的家庭氛围,用尊重、平等的态度来对待孩子等方式来应对孩子的挑战行为。

养孩子，就会有挑战，不过为人父母应该把每次挑战都看成机会。当父母理智、勇敢面对一个个挑战时，也正是培养孩子技能和品质的好机会。

不知不觉，孩子升入小学高年级，不知从什么时候起，家长老师眼中的乖宝贝变得不那么听话了。

在生活上，他们开始有自己的主意。关于食物、发型、服饰，他们都会提出自己的要求。在学习上，他们倾向于拒绝家长的帮助。写作业的时候，如果家长在一旁，他们甚至会停下来不写，等家长离开后再写。在心灵上，他们似乎有了自己的秘密花园，只接纳亲密的朋友，上面悬挂着"家长老师勿入"的牌子。

总之，他们开始和家长争辩、顶嘴，拒绝执行家长提出的某些要求；有时候吵急了，孩子甚至会拒绝吃饭、紧闭房门和家长冷战；严重的，甚至会离家出走。家长们不由得思考：为什么孩子变得越来越难管了？我的孩子这是怎么了？今后这段时间，我该怎么和孩子相处呢？

如果家长观察到孩子有以上方面的表现，那么，这就意味着您家的孩子进入了青春期。该如何科学对待孩子的这些挑战行为呢？

一、理解孩子出现挑战行为的原因

（一）孩子自我意识、独立意识的迅速发展

小学高年级的孩子，正处于由儿童期向青春期过渡的关键时期，处于心理发展的骤变期。由于生理上的变化和抽象思维能力的进一步发展，他们的自我意识、独立意识随之迅速发展，并大大增强。他们对父母的要求不再一味顺从，对父母过多的看管常常表示抗拒。因此，亲子之间的代沟明显加大，沟通明显减少，缺乏相互理解。可以说，挑战行为是孩子成长的需要，因为他们需要用批判的、肯定和否定相结合的眼光，来分析、评判家长和老师教给他们的那些准则、道理，进而学会独立思考，形成个人意志。有了个人意志之后，孩子不再听父母的话，而去做自己认为可以做和想做的事情。

（二）生活经验的丰富和生活能力的提升

小学高年级的孩子已有一定的生活经验，不像低年级时那样充满幻想。他们的集体生活意识在和同学、老师相处中逐渐形成与发展起来。他们不再依靠父母的带领去娱乐，而是自己去安排各种休闲活动。有些孩子还会自行购物、计划周末活动等。这些，也就是俗话说的孩子的"翅膀硬了"。

但是，这一阶段的孩子由于缺乏社会经验，无法充分考虑行为之后的结果，在探索世界的过程中，经常会去探索一些不被父母允许的事情。孩子想干的和父母让干的不一样，就会发生冲突。

(三)学习压力的持续增大

在学习上,他们内心是愿意好好学习,当一个好学生的,但是,很多人在之前的学习中,并未养成高年级学习需要的学习习惯、学习能力。随着高年级学习内容的丰富和难度的增大,他们发现获得一个高分越来越难,离父母的期望越来越远。这种由于外界对自己的否定造成的心理压力,持续时间一长,他们就会由最初的自责、悔恨、求变,继而开始对否定他的世界进行否定,来对自己的心理进行保护。既然大家不在乎我,那我就无须在乎你们。成绩差的孩子在认识自我的过程中,经常得到来自周围世界的否定认识,他的情绪就会很容易和外界对立,很可能出现一些过激的行为。

(四)身体发育的压力

他们身体上逐渐出现的生理改变,引起他们的好奇和不安。女生开始扎堆,嘀嘀咕咕,有了自己的小秘密。男生也一样,他们开始关注自己的身体。孩子开始爱美,对发型、服饰都有了自己的要求。他们非常在意自己认为的一些不足,甚至因此自卑,并想办法进行掩饰。

曾经有个身体先天有缺陷的孩子,为了避免同学对他的嘲笑,就通过送零食来改善和同学们的关系,因为自己的零花钱不够,就开始偷窃,最后成为惯偷。

（五）家庭的不和谐因素

孩子出现挑战行为，家庭因素至少占一半。研究表明，以下四种类型的家庭，孩子出现行为问题的概率很高。

1. 失和型家庭。

美国心理学专家索克说："对孩子而言，父母的离异带给孩子的创伤仅次于死亡。"可见家庭失和对孩子的影响有多严重。据统计，失和家庭的孩子出现行为问题的占到60%—70%，自卑、孤僻、怯懦等性格特征会影响孩子人格的健全发展，从而使这样的孩子容易有偏执、心理负担过重、缺乏安全感等挑战行为。

2. 溺爱型家庭。

溺爱，指宠爱过度，失去理智的爱。一家人对孩子娇生惯养，百依百顺，而对孩子身上的小毛病、坏习气，却听之任之，不进行严格的教育。过分的溺爱使孩子以自我为中心、任性、放纵，为所欲为，缺乏基本的道德水准和社会责任感。有位家长很能挣钱，对自己孩子说，以后他的钱都是孩子的。这个孩子平时要什么就得给什么，不给她，她就跳着脚大喊："你们两个老家伙什么时候死？为什么还要花我的钱？"

3. 打骂型家庭。

习惯用打骂的手段教育孩子的家长，其实是无能的家长，这种简单粗暴的方式不仅滋生了孩子的对抗情绪，也轻易地教会孩子打骂是处理问题的首选手段。这样的孩子在学校或者其他公共场合，遇到不顺心或不如意的事情时，爱与人争斗，甚至习惯用暴力解决问题，定会为日后酿成大祸埋下隐患。

4. 放任型家庭。

这类家庭可以概括为生而不养，养而不教，教而不当。有的家长对孩子的不良行为视而不见，听而不闻，忽视对孩子不良行为的矫正。成长在这样家庭的孩子，养成了冷漠和无情的性格，进入青春期后，就容易出现心理和行为问题。

二、家长如何应对孩子的挑战行为

（一）营造和谐的家庭氛围

实际上，用"挑战""叛逆"这样的字眼形容进入青春期的孩子的行为是不恰当的，这些行为，是他们由于自身内在的成长需要导致的。孩子的挑战，主要是来自家长的对抗。作为家长，应该对孩子的成长需要进行"疏导"，而不是"围堵"。因此，家长应该营造适合孩子心灵成长的家庭环境，特别是营造和谐的家庭氛围。

当孩子出现问题的时候，家庭成员之间不要当着孩子的面争吵，形成不一样的观点，这样会导致孩子无所适从。爸爸要求严格，妈妈要求相对宽松，孩子自然选择听妈妈的意见，认为爸爸是在强迫自己。父母应该背着孩子商量好，对孩子要求一致。

（二）用尊重、平等的态度来对待孩子

父母需要尊重孩子是一个单独的个体，遇事要学会和孩子商量，先听孩子怎么说，怎么想，然后让孩子决定自己怎么做。你先听孩子说，孩子才能听你说。沟通的过程和态度，比结果更重要。

不去逼迫孩子，就是保护孩子的自尊心。孩子的自尊心非常重要。教育的本质，是唤醒孩子心灵深处的自尊自强，自尊心能够使人持续地砥砺自我，完善品格，提升素养。但是，很多家长因为对孩子不满意，就把失望、愤怒等不良情绪抛向孩子，有时甚至不顾场合，伤害孩子的自尊心。几家人聚会，一位苗条靓丽的妈妈指着过度肥胖的女儿，对其他人说道："我真想不到自己的孩子是这个样子。"她没有想到，一个十一二岁的女孩，过度肥胖，父母是不是该负更大的责任。这样的指责，在孩子心里激起的，只能是愤怒，留下的只能是伤害。果然，在当天的聚会中，孩子抓住时机回应，甚至是报复了自己的母亲，丝毫不留情面。

（三）先连接情感再纠正行为

当孩子出现挑战行为时，父母要主动和孩子连接情感，情感连接了才能解决问题。要关注孩子的感受而不是只看行为，不要使用命令语气和负面语言，少说"不要"，多说"请"。真诚、耐心，给予孩子真心的信任、鼓励，确保爱的信息能被孩子接收到。好的亲子关系就如同中医术语表达的那样，通则不痛，痛则不通。

（四）培养孩子爱学习的品质，培养孩子的某种特长

如果一个少年不想求得知识是一件很可怕的事情。家长一定要培养孩子对学习的兴趣，培养他的一技之长。如果一个孩子在某方面出类拔萃，那么他很容易在周围人对他的评价中获得肯定的、积极向上的情绪，他对成长的渴望会通过对知识技能的追求得到满足。

青春期的孩子，就像是一台动力十足的汽车，如果没有正当的爱好，那么，这辆汽车在行驶中就会失去方向。这将是一件多么可怕的事情。

（五）培养孩子的家庭责任感，进而培养孩子的社会责任感

孩子从会拿勺子吃饭起，就应该开始劳动。培养孩子的劳动技能，分担相应的家庭劳动，是培养孩子家庭责任感的重要途径。

劳动既是一种能力，也是一种习惯，更是一种优秀的品质。有的家长溺爱孩子，让孩子从小养成不劳动的习惯，孩子没有劳动能力，劳动意识。到了十一二岁，孩子没有追求，精神涣散，行为懒散，这些都是孕育恶习的温床。当孩子参与家庭劳动，意识到自己的劳动能力越来越强，为家庭的贡献越来越多，他就会越来越自尊，越来越爱这个家庭。当一个孩子，发现自己越来越能干，他在精神上的成长就会得到满足。

家长还应该引导孩子向社会上优秀的人物学习，尽量将孩子身心变化的巨大能力引导到学习上，明白一个人生活在社会上，既要接受他人提供的服务，也应该为他人、为社会提供相应的服务，一个人的价值，应该体现在社会关系中。

（六）进行单次亲子沟通

1.家长首先应该学会控制自己的情绪，避免和孩子发生正面冲突。

面对孩子的挑战行为，作为家长，我们的第一反应可能是愤怒、气恼、失望、自责，等等。但是事实真的值得我们做出如此激烈的反应吗？不要和一个醉汉争论，就是告诉我们，当我们不能控制情绪的时候，就不要急急忙忙地做出决定，采取行动。真正十万火急的事情也不是那么容易就能遇到的。遇事冷静，避免和孩子发生正面冲突，是家长正确解决问题的第一步。

2.分析具体行为背后的具体原因，采取针对性的有效措施。

在控制自己情绪的基础上，家长进一步要做的，就是分析孩子之所以这么做的心理原因，找到根本原因，我们才能有效应对。

六年级某女生拒绝回家的原因是对母亲的积怨爆发。这位妈妈脾气暴躁，在家里说一不二。此前，因为孩子学习成绩不好，她就让孩子跪了一夜。这样一来，孩子更加无心学习，最后发展到不愿回家。

如果家长能够帮助孩子分析成绩差的具体原因,针对性地给孩子提供有效帮助,孩子的成绩很有可能得到提高,至少会改善亲子关系。

孩子挑战行为的升级,往往是不良情绪逐渐积累放大的后果。因此,在一开始,家长就应该找出原因,消除导致不良情绪的因素,让亲子关系回归正常。

3.家长要学会温和地、艺术地坚持。

语文老师第二天要检查《月光曲》的朗诵。第一天,家长在听孩子朗读的时候,发现孩子的语调语速始终都很平缓,与课文内容不相符。家长告诉孩子这样读是不合适的,但是孩子坚持夜晚就应该是静谧的。怎么办?家长找来《月光曲》,和孩子一起欣赏。很明显,乐曲的后半段,节奏很激烈。听完孩子没说什么。第二天放了学,孩子主动来感谢家长,因为他富有变化的朗诵得到了老师和同学们的赞美。

这件事说明,孩子虽然嘴上不服软,但心里知道什么是正确的。这时候,家长要学会温和地艺术地、坚持一些原则,让孩子知道哪些事情是家长不允许、不赞成的。相信孩子是有一定的辨别美丑、是非的能力的。

4.家长要注意把握好控制与放手的度。

面对孩子对独立、对成长的渴望,对于他们的一些愿望和要求,家长在预判其结果可以承受的情况下,不妨学会放手，适当锻炼孩子的能力。一些无关紧要的小事，不妨让孩子做主，即使犯错，他也会从中学会反思。

比如孩子沉迷网络游戏的问题。单纯依靠说教，期待孩子自行改变很困难。家长应该和孩子一起制订计划，什么时候玩，玩多长时间，然后监督孩子落实。

养育孩子是每个父母一生中最有成就感也最具挑战的事情，没有哪个父母不为了孩子而竭尽全力，但最美好的愿望却不一定给孩子带来最好的结果。父母与孩子的相遇即是人生的一场修行，父母应在不断学习、不断修炼中成为有能力、有方法、有自信、有勇气的家长。对孩子，要赢得的不是挑战，而是爱和尊重以及彼此相伴中的成长。

中关村第一小学西二旗分校　梁小红

打通"任督"二脉，为学习赋能

学习的"任督"二脉——学习兴趣和学习习惯，对于初入学儿童的学习能力培养至关重要，家长应做孩子的陪伴者与倾听者，做孩子游戏化学习的互动者，帮助孩子激发学习兴趣。同时，家长应培养孩子时间管理习惯、热爱阅读习惯和劳动习惯，从而提升孩子的能力。

任督二脉，按照《黄帝内经·素问·骨空论篇第六十》所述，出于人体胞中（少腹）……任脉主血，督脉主气，为人体经络主脉。任督二脉若通，则八脉通；八脉通，则百脉通，进而能改善体质，强筋健骨，促进循环。可见，任督二脉在中医诊脉与养生中至关重要。由此，也经常被引申到某些事物的关键环节。而针对初入学儿童学习能力培养的任督二脉又是什么呢？那一定是学习兴趣与学习习惯！怎么打通呢？

一、站在入学起点，从未知走向已知

随着"双减"政策的出台，"幼小衔接""入学适应""陡坡变缓坡""入学焦虑"等都成了热词。作为一名在小学教育战线工作了三十余年的教师，我觉得小学一年级入学得到了前所未有的社会关注。那么，站在家长的角度，最关注孩子入学的什么呢？为什么会产生这些关注呢？

（一）孩子初入学，家长最关心的学校里面的事

开学初，笔者所在的白家庄小学，向一年级学生家长发电子问卷，回收了 1095 份。问卷针对"入学前您最担心哪方面的问题？入学以后您依然焦虑的是什么？还需要学校哪些帮助？"等问题展开。

问卷调查结果显示：学习方面的问题占 61.83%，位居第一。再看具体描述，诸如"对学校的学习进度不了解""每天不留作业，不知道课堂上掌握得如何""不了解学校的生活情

况""孩子自理能力差怎么办",等等。

入学伊始家长提出的这些问题,源于对学校学习生活知之甚少,获取的信息不对等;加之小学伊始是孩子人生重要阶段,而且相较于学前,小学有了学业方面的压力,家长主观上十分重视,但客观上又会觉得无从发力。如果长期得不到解决,家长不仅无助,还会产生焦虑情绪。据相关研究证实,如果家长将过多负面情绪传递给学龄期儿童,会影响到孩子的大脑发育。因此,从这个意义上来看,也要避免过分焦虑情绪。

(二)低年级学习有标准可循

聚焦学习方面存在的疑虑,家长不妨这样去获取相关信息。

一是从 2022 年版课标中去获取。这一版课标最大的变化是增加了各学科学段的"学业质量标准",不仅老师有了授业的航标,家长也有了考量孩子是否达标的参照。

语文课程学业质量标准是以核心素养为主要维度,结合课程内容,对学生语文学业成就具体表现特征的整体刻画。义务教育阶段语文新课标明确了四大核心素养,即文化自信、语言运用、思维能力和审美创造。第一、二学段的学业质量标准的描述涵盖了识字与写字、交流与表达、阅读与思维、朗读与表演、跨学科学习与探究五方面。

在小学第一学段,识字与写字尤为重要。这部分质量标准是"留心公共场所等真实社会场景中的文字,尝试认识标牌、图示、简单的说明性文字中的常用汉字；借助汉语拼音识汉字……喜欢识字，有意识地树立在日常生活中学习汉字、词语的意识，并尝试进行分类；愿意整理自己的学习成果，并向他人展示"。

二是要积极进行家校沟通。要重视学校入学前后的家长会传递的相关信息，以及日常与班主任和学科教师的联系。一般学校都会重视开好入学前家长会、做好新生培训；特别是班主任，更是聚焦学习要点，与家长做具体深入的详解。

笔者所在的学校，就会根据课程标准、教材内容以及学生学习认知规律，设计诸如说字、"词语墙"、说题等依托直观言语表达的小范式，来强化认知、锻炼思维，并录制了相关小微课视频，有利于学生自主练习。像"词语墙""对口令"等适合在家庭亲子游戏中强化练习。

这些内容都会通过家长会等日常家校沟通渠道传递给各位家长，以增强对孩子学习的动态了解。

二、兴趣是最好的老师

苏霍姆林斯基说："人的内心里有一种根深蒂固的需要，就是希望自己是发现者、研究者、探寻者。在儿童的精神世界中，这种需求特别强烈。但如果不向这种需求提供养料，即不积极接触事实和现象，缺乏认识的乐趣，这种需求就会逐渐消失，求知兴趣也与之一道熄灭。"因此，无论是家长还是教师，都有责任去尽最大可能满足孩子的这种需求，呵护孩子的好奇心和求知欲，这样才会使孩子保有持久的学习求知的兴趣。

结合几十年的教学与观察，笔者给家长们提以下几点建议。

一是做孩子的陪伴者与倾听者。特别是初入学的孩子，家长和老师对于孩子来说，是打开事物和现象的世界的人。孩子走进学习生活，多么希望在面对一片迷茫之时，能够有人倾听他（她）的困惑，帮他（她）指点迷津。此时此刻，做家长的一定要耐心陪伴，侧耳倾听，但不是直接告知怎么办，而是创造直观可感的情境，引导孩子去勇敢地探索。家长要做的是鼓励，是孩子获取成功的分享者。

二是做孩子游戏化学习的互动者。德国心理学艾宾浩斯遗忘曲线表明：遗忘的进程很快，并且先快后慢。观察曲线，你会发现，学得的知识在一天后，如果不抓紧复习，就只剩下原来的25%。因此，回家后，亲子时光的游戏化学习，非常有助于减缓记忆的遗忘。

笔者前面提到的说字游戏，在家庭里就可以实施，十分便捷。父母中一人与孩子面对面用肢体语言书空：单立人，一点 横、两点一横，念"位"字……如同孩子在课堂上经常进行的字的笔画笔顺的表述，这就把课堂的场景进行了复现。既巩固了识字，又增进了亲子关系。

再有把词语进行分类整理。有的孩子利用废纸板做成了空心框架，中间分成若干小方格，每个格子里嵌入词语卡片，就像活字印刷小字码似的。有的还将数学口算、英语单词等制作在卡片上，知识综合复习巩固。在低年级学段，就是要用这样游戏化的方式来进行识字、写字、练习、归类、交流与表达。

在低年级，语言运用主要的方式是看图说话，所以图画书也是一种学习的辅助媒介，不妨在亲子阅读的时候更多地去阅读图画书、儿歌、童话、寓言，这样能够提高孩子的阅读与积累的水平，促进孩子思维的发展。

总之，无论何种方式，都应是建立在尊重儿童认知规律、激发儿童学习兴趣基础上的。所以说，兴趣是最好的老师。

三、习惯保驾护航

初入学时，坚定地培养孩子学习必备的好习惯至关重要。不能孩子一哭一闹，就妥协了，这样难以养成良好的习惯。在初入学阶段不容忽视的习惯，笔者认为有以下三个。

一是时间管理习惯。对于初入学的孩子来说，时间是非常抽象的。笔者曾调研过85名一年级学生，问他们元旦是几月几日，只有4个能准确答出。至于一天中的时间，每分每秒的流逝，更是无声无息的。但是，从小强化时间观念、养成时间管理习惯，对于孩子学习能力的进阶十分重要。因此，古有漏刻计时，今有钟表。一年级第一学期数学教材就安排了认识钟表，传授了工具使用的价值等知识；国外就利用钟表发明了"番茄钟"工作法，避免拖拉。其实，在这信息高度发达的时代，我们有更多好方法可以借鉴。笔者曾读过《让孩子轻松学会时间管理》一书，就系统介绍了借助一些直观的感性的材料、游戏来帮助孩子规划好时间的方法。

二是热爱阅读的习惯。阅读对孩子的成长起着至关重要的作用，大量研究表明4—10岁是孩子养成终身阅读习惯的黄金期。书不是天生吸引人的，需要家长、教师、图书馆等媒介，使孩子和书建立起亲密关系。因此要结合孩子的年龄特点和兴趣引导孩子阅读，特别是采用亲子阅读的方式，因为它是培养阅读习惯非常有效的方式。笔者的经验是，随着孩子年级的增高，亲子阅读可以转变成家庭阅读沙龙，跟成长中的孩子共读一本书、共同探讨感兴趣的话题，会让孩子由衷感受到阅读是一件美好的事情。

三是劳动习惯。劳动具有树德、增智、强体、育美的综合价值。而且研究表明，从小爱劳动的孩子，长大后学习能力，特别是统筹能力特别强。正确的价值观、责任感和独立自主能力对孩子成人成才起着举足轻重的作用，那么请从培养劳动习惯开始吧。在学龄前后阶段，可以让孩子干些力所能及的家务劳动：整理自己的小书桌、扫地、擦桌子、等等。

此外学校里强调的认真倾听、读题审题等学习习惯，需要家校携手，共同培养。孩子做题常常出错，不是看错运算符号，就是抄错得数，如果家长一味以为是"马虎"所致，就会忽视了相应的习惯培养。长此以往，孩子就会因习惯养成不足导致能力的缺失。

综上所述，习惯的养成不是一蹴而就的，是日积月累的过程；是从被动到主动、从他律到自律的过程，做父母的要鼓励孩子努力坚持下来。打通学习生涯起点的"任督"二脉，有了兴趣就会稳定成习惯，习惯就会转化成能力。

北京市朝阳区白家庄小学　安海霞

孩子，我懂你

六年级孩子正处于儿童心理向青少年心理的过渡期，作为家长要理解孩子，尊重孩子，读懂孩子的错误。可以通过大人对孩子行为的情感反应，孩子对大人的回应行为两条线索识别孩子的错误目的，从而真正地读懂孩子，帮助孩子顺利度过青春期。

新的学期开始，我新接手了六年级（1）班的班主任，很快班里两位"焦点人物"走进我的视线，那就是袁同学与李同学。袁同学脾气暴躁，喜欢发号施令，李同学则遇事冲动，头脑简单，常常听命于袁同学。两个男孩形影不离，非常要好，课下经常一起玩耍，当然，课上也常常一起扰乱班级纪律，不服从管教。两个孩子的学习习惯都不好，作业要么不写，要么胡乱地写，试卷也经常空一半，成绩自然也很不理想。两个孩子就像《西游记》中的金角大王与银角大王一样。老师们屡次劝说教育，但是收效甚微。有科任老师曾经一语中的，如果这两个孩子能被收服，那么班级将会是一片祥和的氛围。

一、银角大王转化记

经过分析，李同学家庭背景单纯，父亲对孩子的管教比较严格，同时，家长非常配合学校工作，比较好沟通，于是我暗下决心，先从银角大王李同学入手。

（一）与银角大王的第一次交锋——用关心拉近距离

记得有一次体育课，李同学与其他同学打篮球的时候，不慎被人戳破头皮，渗出血迹，耳根也红了一大片，见状我马上让误伤他的同学陪同他去看校医。但是，此时李同学红着眼眶，强忍着泪水，没有怪罪误伤者，也一直强调不是什么大事，不用去看校医。此时，我看到的不再是一个扰乱课堂纪律、胡搅蛮缠的熊孩子，而是一个流血流汗不流泪的十岁小硬汉。此刻，我也更加坚信，这个小男子汉一定会成为鲜衣怒马、熠熠生辉的闪光少年。于是，我给李同学的爸爸说了这件事，爸爸也说这个孩子身上最大的特质就是不矫情，很刚强。孩子爸爸一边表示对我的感谢，一边叮嘱我，这个孩子很皮实，可以严加管教。第二天，我继续关心李同学的伤势，课间找他谈心，并告知防止伤口感染的方法。当天放学的时候，尽管他又与其他同学习惯性地打闹，但是当老师制止他行为的时候，他憨憨地"嗯"了一声，同时，嘿嘿笑了几声，行为稍微收敛了一些。

（二）与银角大王的第二次交锋——及时表扬闪光点

一天早上，李同学从家里拿来了一瓶管道疏通剂，让我注意使用安全。原来是前天放学时他发现班里的洗手池堵了。随后孩子妈妈也发来一条消息，提醒我注意戴上手套，并且在班里没人的情况下进行管道疏通。当时一股暖流涌上我的心头，没想到这个小硬汉也有细心的一面，也有柔情的一面，而且家长也是个很暖心的人。我当时就让班里同学坐好，当场表扬了李同学关心班集体，集体荣誉感强的优点。同时在个人评比榜上，在好人好事一项上为他加了两分。掌声中我看到了李同学害羞地红着脸，低着头，又开始嘿嘿地傻笑。我想，李同学此刻的内心一定是无比激动的，他感受到的尊重与肯定必将化为他前进的动力。

(三)与银角大王的第三次交锋——于家访中添动力

　　李同学正在慢慢发生变化,但只是课堂纪律稍有好转,学习成绩还是一直不见起色,作业完成得也不太好。我决定进行家访,看看他在家里的学习状态,为他的学习再添一服催化剂。进家门之前,李妈妈提前五分钟联系我,要来楼下接我。一进家门,我看到三口人穿戴整齐,站在门口等我。坐下来聊天的时候,我将李同学在学校的好的表现一并告知家长,同时对于他课堂的听讲状态、写作业的习惯,也提出了要求和期待。与家长聊天的过程,也能看出李同学一改往日的嬉皮笑脸,一脸严肃。父母对他的期待值很高,也让他在我面前表态,以后要如何改正自己的不足。回学校的路上,我一直不能平复内心的激动,回想李同学坚定的眼神,咬紧牙关的神情,我相信他一定会有新的变化的。

　　事实也正如此,课堂上李同学非但不再影响课堂纪律,同时,见到其他人违反纪律,他会主动制止。学习的主动性逐渐加强,学习劲头儿越来越足,语文方面默写经常是全对,数学的计算能力也有大幅提升,各门课程都认真学习。音乐课上跟着音乐积极练习节拍,美术课上拿着画笔认真描绘。一周下来,竟然有三位老师都在惊叹李同学的变化,发信息给我,我也忍不住内心的喜悦,第一时间将李同学受到几位老师表扬的消息分享给家长。家长也是激动不已,并承诺一定会全力配合学校工作。李同学现在是班级里的窗户魔法师,每天负责开窗通风,而且据学生反映,现在大家都亲切地喊他一声李大哥。

这就是我与银角大王的故事，这个故事并未结束，相信未来的他一定会更加优秀。

二、读懂孩子的错误

六年级孩子正处于儿童心理向青少年心理的过渡期，既带有少年的天真，又时常表现出青年的成熟，作为家长要理解孩子，尊重孩子，读懂孩子的错误就显得尤为重要。

（一）识别孩子的错误目的很重要

为什么识别出孩子的错误目的很重要呢？因为了解孩子的错误目的（和错误观念）有助于家长采取最有效的行动，来帮助孩子达到他们的真正目的：获得归属感和价值感。

要识别孩子行为目的背后的错误观念及其错误目的绝非易事，因为孩子可能以同样的行为来达到四个错误目的中的任何一个。

例如，孩子可能以不做家庭作业来获取关注（"嘿，看看我，你看我"），来显示权力（"你制服不了我"），来寻求报复（"你觉得我的成绩比我更重要，这让我很伤心，所以我也要让你伤心"），来表示自己无能为力的感觉（"我真的不会"）。

理解孩子的目的非常重要，因为对于不同的目的，有效的干预和鼓励方式是不一样的。

请注意"鼓励"这个词。这很重要，因为一个行为不当的孩子就是一个丧失了信心的孩子。这种信心的丧失来自其失望的信念，以及没有归属感和自我价值感。这种信念是以事实为依据，还是以孩子的感受为依据并不重要。孩子们的行为是以自己认为真实的东西为基础，而不是以事实为基础的。

（二）以大人对孩子行为的情感反应为线索识别

有两条线索可以帮助我们识别孩子的错误目的。

第一条线索：大人对孩子行为的情感反应。

初看起来这好像很奇怪。你可能会疑惑自己的感觉怎么就能让你知道孩子的错误目的。如果你留心体会自己的感觉，就会发现其中的奥秘。当面对四种错误目的的行为时，大人体验到的最初感觉如下表中第二列所示。

	大人对孩子行为的情感反应	孩子的错误目的	
1	如果你的感受是恼怒、着急、内疚或烦恼	孩子的目的很可能是寻求过度关注	过度关注
2	如果你觉得受到了威胁（你也和孩子一样想要主导一切）、受到了挑战、被激怒或被击败了	孩子的目的很可能是寻求权利。如果你以权利回应，就会陷入权利之争	权利之争
3	如果你感觉受到了伤害（你那么努力地想做个好父母或者好老师，这孩子怎么能这么对你？），感到失望、难以置信或者憎恶	孩子的目的很可能是报复	报复
4	如果你觉得很无能为力（我到底怎样才能走进这孩子的内心，帮孩子鼓起劲头来啊？）、绝望、无望或无助	孩子的目的很可能是自暴自弃。如果任由自己的感觉支配你，你也就和孩子一样会放弃	自暴自弃
5	当被问到对孩子行为的情感反应时，很多成年人的回答都是愤怒和沮丧	这两种情绪都是对最初感觉的第二回应。这是有原因的。受到了威胁、伤害或感到无能为力，都会让人有非常无助的感觉，以至于我们会很快用愤怒作为第二回应把它们掩盖起来	第二回应

你有没有经历过这些情绪体验呢？愤怒至少让我们有一种虚假的力量感——我们可以做些事情，尽管这个事情只是怒吼、咆哮或者对孩子的猛烈攻击。沮丧和愤怒都是对造成了我们的最初感觉的无法控制的局势的第二回应。如果你用愤怒来掩盖自己最初的感觉，而不是去理解孩子的感受，你很可能会陷入报复循环之中。

你应该问一问自己："我愤怒和沮丧的背后是什么呢？我觉得受到伤害了，被击败了，受到威胁了，感到害怕了？"对照一下上表中第二列列出的感觉，看你符合哪一条。许多父母和老师说，他们把这张表作为一项很有用的参照，贴在桌子或冰箱上。这张表能帮助他们记住大多数行为的根本原因，从而在出现问题的时候能更有效地帮助孩子。

（三）以孩子对大人的回应行为为线索识别

第二条线索：当你要求孩子停止其行为时，孩子的反应（见下表）。

	孩子对大人的回应行为	孩子的错误目的
1	孩子会停下来一会儿，但通常不久就重新开始原来的行为，或能够引起你的关注的其他行为	过度关注
2	孩子继续其不良行为，并且可能对你的要求进行言语顶撞，或者消极抵抗。这通常会升级为你和孩子之间的权利之争	权利之争
3	孩子以一些破坏性的行为或伤害你的话来反击你。这常常会升级为你和孩子之间的报复循环	报复

续表

	孩子对大人的回应行为	孩子的错误目的
4	孩子往往很消极,希望你快点放弃努力,别再打扰他。有时候,这样的孩子会把这种感觉"以行动表达出来"来掩盖他们在学业上的不胜任感	自暴自弃
5	这些线索能帮助我们"解码",让我们知道孩子的行为真正想要表达的是什么。即使我们知道了这些线索,事情仍然没有那么容易。因为当我们面对一个做出不良行为的孩子时,我们太容易以愤怒和沮丧的第二反应来回应(这很正常),而不是停下来想一想:这孩子到底想要告诉我什么呢?	第二回应

希望年轻的父母们能努力去尝试读懂孩子,理解孩子行为背后的错误观念和目的,帮助孩子顺利度过青春期,因为只有这样才是真正的读懂。

北京学校　杨慧

爱上阅读贵在"认真＋坚持"

阅读的好处不言而喻，但无论是成年人还是小学生都很难坚持阅读，引导孩子爱上阅读并坚持阅读，需要在时间上认真＋坚持，在陪伴上认真＋坚持，在选择上认真＋坚持，和孩子一起制定一个共同的阅读目标，慢慢地让阅读成为一种习惯。

每个人在谈到"阅读"这个话题时，对于它的好处肯定都是不言而喻的，可是明明知道却又不能够坚持去阅读，成年人是这样，小学生也是这样，每个人都有理由解释自己为什么不能够坚持阅读。下面我们就一起来交流如何引导孩子爱上阅读并坚持阅读。

一、在时间上认真＋坚持

首先我们要解决的是"时间"这个问题。对于早出晚归的孩子和家长们来说，每天的时间是有限的，那就可以把阅读的时间安排在晚上。我做过一个测试：一个二年级和一个四年级小学生阅读适合自己年龄段的书籍，1分钟出声朗读，都可以认读220个字左右，10分钟就是2200个字，所以即使是10—15分钟的阅读，长期坚持也会有意想不到的结果。

二、在陪伴上认真＋坚持

在每天的阅读时间里，爸爸妈妈能够陪伴孩子，一起读一篇文章或者一本书，参与到孩子的读书计划中，对孩子坚持阅读有积极的示范和引导作用。在亲子阅读的过程中你读一段，我读一段，特别是对于书中孩子觉得不感兴趣的段落爸爸妈妈来读，就可以降低阅读中的难度。阅读中时常和孩子一起讨论故事情节，交流对人物的看法，分享阅读感受，交谈得越多，孩子的阅读兴趣就越大。亲子阅读对于低年级孩子是很重要的，到了高年级，孩子已经具备独立阅读的能力，也就不再依赖父母了，但是孩子的阅读习惯和阅读兴趣是从亲子阅读开始的。

三、在选择上认真＋坚持

孩子想要阅读什么样的书籍是可以让他们自己选择的，但是家长要带着孩子接触各种各样的图书类型，特别是要增加科普图书的阅读量，来补充他们的认知。不同类型的书读得多了，孩子才能感受到自己喜欢什么内容的书籍。

阅读是一件很享受的事情，如果孩子现在还没有爱上阅读，请不要逼迫他，而是要想办法激发孩子的阅读兴趣。如果爸爸妈妈能够挤出一些时间，孩子又不排斥阅读，那就可以和孩子一起制定一个共同的阅读目标，慢慢地让阅读成为一种习惯。

北京市东城区培新小学　温静

聊聊"陪玩"和"共读"

阅读是获取知识的重要手段和最好途径，作为家长，首先要陪孩子玩，顺应孩子的兴趣，激发孩子的阅读兴趣。而把阅读兴趣转化成可持续发展的阅读动力，需要家长和孩子共读。希望家长可以成为有协助能力的大人，陪孩子一路玩下去、读下去。

阅读是获取知识的重要手段和最好途径，正所谓"立身以立学为先，立学以读书为本。"作为家长，有两件事，可千万不能忽视！

第一件事：陪玩

作为大人我们首先要做的事就是陪孩子玩，在玩中观察、发现他的兴趣，顺应孩子的喜好给孩子买书。年龄较小的孩子可能因为某样玩具、某部动画片而喜欢上一类书。比如，男孩子喜欢恐龙，那家长就陪他玩恐龙玩具，陪他看恐龙纪录片、动画片，等把他对恐龙的兴趣全部激发出来之后就可以带他到书店，带他去看和恐龙有关的书，孩子会发现，那些书上的图片是他熟悉的，首先就拉近了他和书的距离，继续翻看他会发现原来这些书里有他知道的还有他不知道的，这时候他就会想要看这些书，看书的兴趣就这样被激发出来了。再比如，在孩子识字的敏感期就可以让他读一读《汉字是画出来的》这类书。再比如，您发现有段时间孩子特别喜欢问为什么，那就是让他读科普类读物的好时机。再比如，孩子这段时间正在学习以某个作家为主的单元，那就可以引导他阅读这位作家的著作。这就是我们说的顺应孩子的兴趣，激发孩子的阅读兴趣。这需要家长会观察、了解自己孩子的喜好。

想要成为有协助能力的大人不光要陪玩，还要会玩，在玩中激发孩子的兴趣，来引导孩子阅读某一类书。比如，想让孩子读法布尔的《昆虫记》，那就先带他去大自然中观察昆虫，夏天下雨了就去楼下看蜗牛、找蚯蚓；天黑了就带孩子去树上找知了；和他一起看纪录片《微观小世界》，最后还是把他带到书店，给他买和昆虫有关的书，引导他去选择和昆虫有关的名著。

为孩子订阅画报期刊也是一个不错的选择，让孩子体会等待阅读的感受，也可以激发其对阅读的期待和渴望。收到期刊后，我们可以首先表达自己的期待，再陪孩子一起玩赠送的小玩具，另外期刊里一些连载的小故事也十分有吸引力，孩子很快就会开始期待每一期杂志的到来。

之后我们要考虑的就是如何帮助孩子从阅读纯图画书（图像阅读）顺利过渡到章节类文字书的早期读物，在保持孩子阅读兴趣的前提下，鼓励孩子独立思考、独立阅读。在这个阶段我们可以选择一些桥梁书，桥梁书的文字比图画书多，插图比纯文字书多，介于这两类书之间，内容贴近孩子的生活经验，可以让孩子从喜欢阅读开始，渐渐适应字数增多、篇幅加长的文字书，最后过渡到真正的独立自主阅读。

第二件事：共读

兴趣是短暂的，易转移的。如何把阅读兴趣转化成可持续的阅读动力呢？最好的办法就是共读。就是要和孩子读同一本书，亲子之间就有了话题，孩子也会从中获得阅读的成就感。在这里要明确的是，共读注意体验：不是教孩子如何阅读，而是激发孩子想阅读的欲望并使其可持续。

国际安徒生奖获得者、知名儿童阅读专家艾登·钱伯斯在1991年出版的《打造儿童阅读环境》一书中，提出了令人瞩目的"阅读循环圈"理论。这个理论也很好地解答了这个问题："一本好书，一段愉快的阅读经验，将为读者开启下一段阅读旅程，周而复始，生生不息。"一次美好的阅读经验，就可以造就一个爱书人。

艾登的"阅读循环圈"由"选择""阅读""回应"三个维度组成，也提供了一个非常具有操作性的阅读培养方法，让阅读习惯的培养有迹可循。

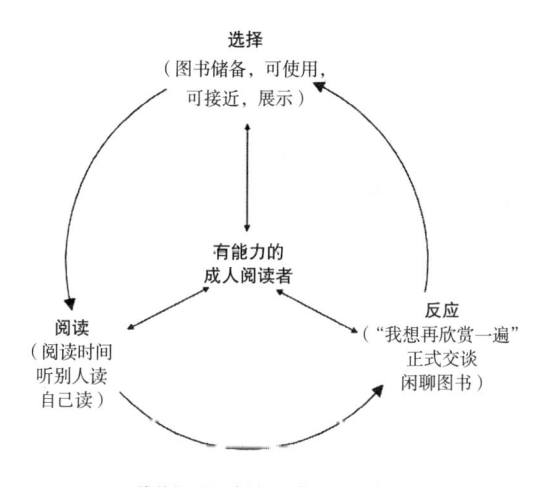

钱伯斯"阅读循环圈"理论示意图

让我们一起来关注"回应"这个维度。这是让阅读的幼苗持续不断成长的关键。这里的回应有两种：第一种是，期待能再次体验阅读乐趣；第二种是，想分享自己的阅读心得，想讨论。孩子的回应可以帮助我们了解他们喜欢的主题，进而帮助我们为他们的下一次阅读搜索资源。我们可以和孩子进行轻松的闲聊，自在地分享阅读感受。轻松的闲聊，常出现于日常生活中不经意的瞬间。也许是饭桌上的天伦时光，也许是课堂上师生不经意说起的某部作品，看似无心插柳，却能因此"柳成荫"。

不管是陪玩还是共读都需要我们成为一个有协助能力的大人，希望我们都能陪孩子一路玩下去、读下去。

北京市东城区培新小学　赵岩

生活即教育

线上学习的每一天，孩子们在生活中理解着生活，在生活中学习掌握着生活技能，其独立的精神也在生活的学习与担当中慢慢成长。而家长在真实的家庭生活中，捕捉到了生活中宝贵的教育价值，明白了生活中的教育智慧。生活即教育，教育就发生在家里，家长，就是孩子最好的老师。家长可以和孩子一起运动，一起劳动，一起阅读，用陪伴给予他们鼓励、支持、帮助。

我们常说"生活即教育",线上学习的每一天,孩子们在生活中理解着生活,在生活中学习掌握着生活技能,其独立的精神也在生活的学习与担当中慢慢成长。而家长在陪伴孩子、大胆放手、信任孩子中,在真实的家庭生活中,看到了孩子的能量与成长,看到了孩子的担当与力量,捕捉到生活中宝贵的教育价值,明白了生活中的教育智慧。

线上学习让家长有更多陪伴孩子的时间,为此,很多家长可能都有思考,我们该如何面对?如何陪伴孩子共度一段有意义的亲子时光?如何更好地促进孩子成长?

线上学习让老师变成了"主播",家长可以当好"助教",做好孩子学习的后盾。老师没有千里眼,不是超人,无法进行全方位监控,仅仅依靠打卡、作业完成,有限的交流互动很难掌握孩子的真实状况,所以,学生居家学习、线上听课,学业完成情况和学习质量的高低就与家长的配合至关重要。家长可以将线上学习当成了解孩子的一个途径。线下学习,家长看不到孩子在校的学习状态,线上学习,孩子在家里的表现一一地被家长看在眼里。如果孩子有不正确的学习习惯:如坐姿不端正、书写不认真、听讲开小差、小动作多……家长都可以借这个机会给孩子纠正。除此之外,亲子间,还有很多可以一起完成的事情,比如,一起商讨家中的事情,一起关注新闻时事。其实,生活即教育,教育就发生在家里,家长,就是孩子最好的老师。

一、"生活即教育"之一起运动

上网课孩子们的视力是我们家长非常担心的,老师也很关注和重视孩子的视力。每节课上都会反复强调注意用眼,孩子要注意劳逸结合,课间一定要在室内眺望窗外,定时做眼保健操,缓解视力疲劳。同时,应每天坚持运动,家长和孩子一起锻炼,一起汗流浃背,这不仅有益于孩子的身心健康成长,提高身体素质,也是亲子之间一段美好的回忆。随着新政策和新课标的推出,体育已经取代外语成为第三主科。体育老师会有一些体育锻炼上的具体建议,班主任老师也会设置运动打卡的活动,激励孩子们坚持锻炼,家长与孩子一起运动一定会感受到身心的愉悦。

二、"生活即教育"之一起劳动

和孩子一起铺床、洗衣、择菜,体会生活的琐碎,以及在琐碎中需要的勤劳、细致;在亲子互动中,既能增进亲子关系,又能锻炼孩子的动手能力,学会自己的事情自己做,同时还能减轻家长们的家务负担,真是一举三得!

三、"生活即教育"之一起阅读

家长是把孩子带到阅读世界的引路人,在日常生活中引导孩子养成良好的阅读习惯,提高对课外阅读书目、阅读时间、阅读量的监督，同时加强阅读广度的培养。倡导亲子阅读，鼓励孩子一起进行阅读讨论，从而从多方面培养孩子的语言表达能力和思维理解能力。

如果把孩子的成长比喻成漫漫人生的"马拉松"，父母的角色更多像是"陪跑员"：陪他们一起阳光灿烂，陪他们一起风雨兼程，陪他们一起翻山越岭，也陪他们一起欣赏路上的风景。重要的是，当他们跑起来费劲儿或者跑不动时，用陪伴给予他们鼓励、支持、帮助，和孩子一起成长，一起闪光。

北京市东城区培新小学　郭静

辅导孩子的第一目标

"方向对了,就不怕路远。"能确定方向的是目标,目标不对,就不能走上一条正确的路。辅导孩子的第一目标是激发兴趣,而辅导孩子的过程,主要是化错。化错教育最高的境界是自化。辅导孩子时要听孩子说,然后顺势而导。"化"的过程需要时间。

朋友对我说："儿子上四年级了，数学成绩不太理想。"我说："没问题，别着急，男孩懂事有些晚。您有空时，把孩子的试卷拍张照片发给我。"

一、前期看

我看到了孩子的试卷，根本不是那种不堪入目，需要我在"乱草丛中"，寻寻觅觅的试卷。工整的书写表明孩子很踏实，计算基本不错说明孩子有扎实的基本功，有些题虽然错了，但解题思路完全正确，并且错得非常好玩。比如一道"找规律，填一填"的题，虽然六个空都没填对，但孩子是发现了规律的，并且，发现的三个规律都是对的。只是对于一小题的两个空代表要填两个小数，他没读明白。"夏虫不可语冰"，有可能是他没做过一串小数的题，也有可能他没做过有两空的题，因此，他"创造性地"把一个小数的整数部分和小数部分拆分在两空之中，而且"宽容"了老师试卷制作中的"差错"——把"小数点"敲成了"逗号"。当然，也有可能是他看题草率了或者是由于视力不好，根本没有看出"逗号"与"小数点"的不同。

二、当面聊

傍晚，朋友带着孩子来到我们约定的茶馆。

我是第一次见到朋友的孩子。可能是朋友在家里介绍过我，介绍得有点多，他挺阳光的儿子，看我的目光倒有些许的不自信。

我微笑着握着孩子的手，说："帅小伙子，很大气！"孩子有些不好意思地笑了笑。"东东，我看了你的试卷，你答卷的态度十分踏实，书写一丝不苟，说明你是个负责任的小伙子，我喜欢！东东，你的计算能力非常强啊！"东东明亮的眼睛看着我，低声说："有错的。"我能感觉到他的话外音是"你夸错了"。我没看他的试卷，看着他的眼睛，说："没错，我认真看了你的两张大卷和一张口算卷，计算一共错了两处。"东东的嘴角露出一丝笑意。我接着说："东东，计算器的计算能力强吗？（东东点点头。）计算器的得数也可能是错的。"东东的身子动了动，不再拘着，有些放开了，问我："华校长，计算器算的会错吗？"我歪着头，看着他，笑着说："看错数，摁错数了啊！"

我们仨都笑了。

（一）两个不同的答案都对

我说："东东，你们老师的试卷出得真好！你改正第三小题时，第二空错了，为什么啊？"东东说："$8.8×2=17.6$，我没有把'16.16'小数部分的'1'进到个位上来。"我夸奖道："东东太棒了！语言十分准确。"给他竖一个大拇指之后，我又说："东东，'17.6'是对了，但严格说来，还不完全对，还差一丢丢。"

我看着他,不说话,等他自己发现。大约十秒钟之后,他摇摇头说:"我不知道。""我相信你能够发现,你把这道题从前到后,从后到前,一个数、一个数地看。"

东东的脑袋左晃,右晃,眼睛突然亮了,说:"华校长,我知道了,'17.6'的末尾的'0'不能省略,因为前面的都没省。"我微笑着,奖励性地拍了拍他的脑袋,说:"对啦——"东东笑得特别开心。

我继续说:"东东,你知道吗?如果你的'16.16'末尾的'0'没有省掉,这个答案也是对的。"我在他"16.16"的下方写上"16.160"。东东露出惊奇的目光,歪着脑袋,一副不可思议的样子问我:"华校长,怎么可能两个不同的答案都对?""东东,一般的题确实只有一个正确答案,不过,这是找规律的题。你找到的规律是什么,填的答案只要符合这个规律,能自圆其说就是对的。你再把这道题从前到后,从后到前,一个数、一个数地看。"

东东的脑袋左晃,右晃,眼睛没有亮起来。

等了一会儿之后,我自言自语地说:"你是不是分成整数部分和小数部分来看的?"东东惊喜地叫出来:"对的,对的!"停了停,东东说:"整数部分,后一个数是前一个的2倍;小数部分,后一个数也是前一个的2倍,完全符合规律!"我和东东击掌祝贺,东东眉开眼笑,东东的爸爸直点头。

（二）还有思路吗？

"东东，我们来看这道选择题——我好奇你开始怎么选'10.8'的？"

东东立马说："3.8乘10是38，108除以10，就是10.8。"哈哈哈，原来学生是这么想的，这试卷出得真好！

我夸赞说："东东厉害！错了，就要回想当时怎么想的，就要知道为什么错了。"我看着东东，问他为什么会那样想。

东东低下头，说："没好好读题，只顾找数了。"

我接着他的话说："确实不少同学做数学题，不把题目从头读到尾，而是胡乱抓住两个数，想是加还是乘，是减还是除？这是他们学不好数学的主要原因。做数学题，要从条件到问题一步一步想清楚解题思路。乱猜一气，只会让人心烦。东东，现在你能跟我讲讲这道题应该怎么想吗？"

东东想了想，比较熟练地说："先算38与3.8的差，然后用108减去38与3.8的差。""东东的数学语言真规范！能口算吗？""38-3.8=34.2，然后……"东东停了停，继续说，"108加上34.2……等于142.2。"

我笑着问："你开始说用108减去38与3.8的差，后来怎么改成加上了？"东东有些不好意思地笑了笑，说："因为那就得不到142.2了，也没有答案可选了。"

我摇摇头，笑着说："东东，这可不行。如果不知道'142.2'是对的，这道题你就不会做了。如果第一个供选择的

家校共育篇 045

答案'66.2'改成'73.8',那你还是会错的。"东东点点头,心悦诚服的样子。

我停下来,让他再读读题目,然后引导说:"东东,既然108加上34.2就对了,那么你要想想为什么是加上?"

东东又把题目读了读,说:"把3.8看成38,是多减了,结果就小了。要得到正确的结果,就要把多减的加上去。"

东东的数学表达超一流,四年级学生能这样表达的真不多。我用佩服的眼神看着东东,说:"东东,听你说分析的过程,我听出了你心底的高兴,完全懂了,是吧?"东东使劲点头,像小鸡啄米那样。

东东爸爸在一旁看着,很配合,不提示,不催促,很享受的样子。我补上一句:"东东,你是怎么懂的?"东东歪着脑袋在思考。我继续说:"我可没教你怎么做,是你自己把题目读了又读。书读百遍,其义自见。常常是这样,我们自己把题目读懂了,题就会做了。"东东看着我,把身子往我这边挪了挪。

"东东,这道题还有一个解题思路。"东东听我这么一说,侧耳细听。"这道题要求正确的结果是多少?那就是说108是个——"东东接着说:"108是个错误的结果。""38是错误的减数……"我欲言又止。东东接着说:"108加38就等于错误的被减数。"

心有灵犀啊!我没想到他会加上"错误"一词。欣赏之余,我等他下文。他一直没下文,他爸爸想催,我示意别催。"错误的被减数"就是"正确的被减数",这个思路的弯道有点大。

可能东东的脑筋动得有些累了,我提示说:"题目中说,小红将减数3.8错看成38,被减数有没有看错?"东东回答我:"被减数没有看错。"我看着他,眨眨眼睛,意思是"请继续"。东东心领神会,说:"错误的被减数就是正确的被减数,因此,正确的结果就是108加38的和,再减去3.8,等于142.2。"

我冲着东东,竖起并且摇摆着大拇指。我想,如果是在课堂上,我会组织全班同学鼓掌十秒钟。东东就像被打了鸡血,兴奋地问我:"华校长,还有思路吗?"

我做出思考的样子,说:"东东,还真有!"其实,我早想好了。"东东,你开始选的'10.8',现在想想,可能是10.8吗?"东东不点就通了,说:"不可能,因为原来是减3.8,现在是减38,减多了,还等于108。正确的结果就肯定要比108大。""东东会想了,想得好!继续——""A和C都不能选了。""B和D都比108大,选哪个呢?要看到底大多少?"东东脱口而出:"38-3.8=34.2。"

我们仨击掌相庆。

(三)错不起的学生,对不了

东东的表情亮了,不再是刚进来时的神情。我看着他说:

"东东,很多老师都知道我说过一句话——'错不起的学生,对不了'。做数学题,做对了,还是做错了,有时并不是最重要的,最重要的是要从中学会思考。思考就是美好的。人生自古谁无'错',错若化开,成长自来。"东东的眼睛亮闪闪,频频点着头。

看看手表,我说:"交流的时间长了,耽误你们吃晚饭了。今天,我特别有收获,感谢东东给我的启发!"我拥抱着东东。

东东爸爸十分感激地说:"很荣幸能现场聆听您给孩子辅导!您辅导的时候这么有耐心,这么有方法,真的是受益匪浅,也非常感动!"

三、回头想

当我想把这个故事写出来,与更多的同行和家长朋友分享的时候,我思考:辅导孩子的第一目标是什么?

"听我的,干什么都行,就是不能辅导孩子作业。"

"为什么?"

"因为我得活着。"

这大概是很多朋友都认同的段子。不辅导孩子的目标是为了"活着",那辅导孩子的目标是什么呢?

应该是更好地活着。

有道是"方向对了,就不怕路远"。能确定方向的,那是目标。如果没有目标,如果目标不对,那怎么可能走上一条正确的路呢?只能留下"行路难,行路难!多歧路,今安在?"的迷茫。

我询问东东爸爸,辅导孩子的第一目标是什么?朋友回答我:"搞懂。"我说:"是的,但不仅仅是。搞懂又是为了什么?"朋友答:"提升能力。"……

"搞懂",是对那道题而言的,是初级目标。"提升能力",是跳出题目来说的,是中级目标。

我认为,辅导孩子的第一目标是激发兴趣。大家都知道"兴趣是最好的老师",可是辅导孩子时,常常忘记这句话,做出一些背道而驰的事。我写过一篇小文章《教是为了学的开始》。教是为了学,教是为了学的什么呢?如果教之后,学就结束了,那是最糟糕的教。

有朋友可能要问:"激发什么兴趣?又怎么激发呢?"

我以为激发的兴趣主要有:对老师的兴趣,对数学的兴趣,对自己的兴趣。

"亲其师,信其道。"如果学生对老师不感兴趣,那他就学不好这位老师教的课程了。回顾我和东东的交流,我几次夸奖"你们老师出的试卷真有水平",夸老师批改得细致、及时,都是有心说的。老师对"17.6"的复判,其实是有瑕疵的,但我不说是老师的粗心。"行有不得，反求诸己"，"不迁怒"，才能好学。我开始交流时，先夸奖东东差错中的正确，"长善"是为了"救失"，也是为了让东东对我有兴趣。"假话全不说，真话不全说"，是我夸奖的原则。

"善歌者，使人继其声；善教者，使人继其志。"这是我最喜欢和老师们分享的，世界第一部教育理论专著《学记》中的名言。要激发孩子对数学的兴趣，首先辅导者自己要对数学有兴趣。我请家长朋友发孩子试卷给我，就是为了备课，就是为了激发自己对这份试卷的兴趣。当我一题多解、一题多用、一题多变，帮助孩子享受到思考数学的乐趣，我的那句"数学就是和自己想象力玩耍的游戏"可能就写在孩子心里了。

"悠兮其贵言，功成事遂，百姓皆谓我自然。"辅导孩子的过程，主要是化错。化错教育最高的境界是自化。辅导之后的孩子觉得"是我自己发现的""是我自己会的""我能行"，对自己有了兴趣，善莫大焉。老师不观察，不"贵言"，不倾听，说得太多，是辅导孩子的大忌。当然，"化"的过程需要时间。如果只想用很少的时间搞定，那就只讲算式吧。辅导孩子学习和指导孩子做家务是一样的，最快的是大人自己干，但那效果是最慢的。"别把自己的脚，伸进别人的鞋里""一切皆有可能""应无所住，而生其心"，辅导孩子时要听孩子说，然后顺势而导。"慢慢走,欣赏啊!"看到了沿途的风景,兴趣自然来。

坊间流传的关于我辅导孩子的故事,背后的秘密可能就是第一目标。

北京第二实验小学　华应龙

同心同行，从家庭教育走向家校共育

家庭教育和学校教育有教育对象、教育理念和教育方法三方面的矛盾，家校共育需要家庭和学校一起使劲，共同担责，共同教育。小学低年级段学校教育和家庭教育的目标就是让孩子养成良好的学习习惯，他们的重点有所不同。小学低年级段实现家校共育，需要家长主动参与学校的教育工作，让学校教育在家庭中延伸。

2018年召开的全国教育大会上，习近平总书记谈道，"办好教育事业，家庭、学校、政府、社会都有责任"。学校与家庭彼此间的同心与同向，会给予孩子更多阳光雨露的滋润，会帮助孩子拓宽未来的路。当我们走进中国特色社会主义教育的新时代，我们越来越意识到：家校社协同育人，才能共迎家庭和社会的美好未来。

但是说到家庭教育和学校的不同，我们常常会提到三大矛盾：首先是教育对象矛盾。对于学校来讲，要面对的是所有的孩子，强调集体的纪律，而家庭只面对自己家的孩子，不需要管其他人。其次是教育理念矛盾。学校要培养德智体美劳全面发展的孩子，而家庭常常会根据自己家庭的文化与个人的特色有所选择。最后是教育方法矛盾。由于家庭只面对一个孩子，所以所有家庭成员各出法宝，只要管用就成。而学校则会为孩子树立规矩与路径，并因材施教来管理。这三种矛盾是天然存在的，不能说家庭全听学校的，或者学校全听家庭的就能解决。所谓"共育"，不是把两方的教育变成一个，而是两边一起使劲，共同担责，共同教育。在孩子教育的问题上，学校和家庭，两边谁都不能缺位。

家校共育的关键节点之一，是孩子刚入学的时候。我们就从这里说起。

一、小学低年级段学校教育的重点

小学阶段，学校教育的主要目标是要让孩子养成好的学习习惯。小学阶段，是儿童由"自然人"向"社会人"发展的重要时期。它既是人生最富梦幻色彩的时代，也是人生走向社会的第一个黄金驿站。入学后，学校的主要工作，是要让孩子适应三种变化，并初步学习应对方法。

1. 从以游戏为主、轻松自在的幼儿园或家庭生活，过渡到有组织、有计划、有明确任务要求的科学学习的小学环境。

2. 从以自由宽松、随意性较强的个体活动为主，过渡到有组织、有纪律，需要承担一定责任与义务的集体生活。

3. 从依赖性强、自理能力较差、处处需大人照顾的"小孩子"，成长为相对独立，需自己动手、动脑筋、有一定的自理能力的"小学生"。

从事学校教育工作多年，我们发现：新入学的孩子，"我是小孩子"的意识很强，习惯别人哄着，照顾着，谈不上对人、对事、对面临的学习任务有什么责任感；他们年龄小，心理稚嫩，适应环境能力弱；自我管理，自我教育的本领欠缺。碰到不如意的事，当他们在已有的经验中找不到应对方法时，就会哭闹或发脾气。

但是，学校的老师们并不着急。因为老师们知道，孩子们虽然年龄较小，但已经具备了成为"小学生"的基本条件。

他们不但萌发了"我长大了""我要上学"等想法，同时也乐于接受家长和老师的教育和管理，虽然说不清自己"为什么学习"，但取得了好成绩，做个"好孩子"就能得到大人们的夸奖，赢得小朋友的羡慕，是他们的共同心愿。学校老师会因应孩子的这种天性和心理来进行适当的教育，达成教育的目标。

二、小学低年级段家庭教育的重点

这时候，家庭教育的主要目标，其实和学校是一致的：要让孩子养成好的学习习惯，要帮助孩子顺利度过心理的成长期。

（一）改变家庭心态，设置一位教育联络人

孩子的身心要转变，我们家长的心态转变了吗？总算度过了幼儿园，现在孩子又会面对一系列新的问题。没等孩子哭闹，家长先担心起来：孩子的身心能够接受小学生活吗？孩子在集体生活中会受欺负吗？只要认真观察，家长就会发现，自己的焦虑会传导给孩子，让孩子的上学路产生困难。所以家长首先要缓解焦虑。自从《家庭教育促进法》颁布后，整个社会都很重视这个问题，学校和社会都会组织家长去学校，家长朋友们可以去了解、学习。做到"手里有粮，心中不慌"。我的学校就曾经参与过北京市录制相关教育视频活动，由经验丰富的班主任，为家长的家庭教育支招。还有很多学校都设置了心理辅导室，不仅仅为孩子提供服务，也为家长提供服务，缓解家长的焦虑，助力家庭教育。

家庭成员的教育方式是有差别的，作为家庭，应该设置统一的一位家庭教育发言人，负责与学校的沟通联络。这样会让家庭更充分地理解学校的政策，也会让学校和老师更加理解您的孩子和您家的教育要求，进行更有针对性的教育。在发言人的协调下，全家一起为孩子做好上小学的物质与生活的准备。

（二）帮助孩子做好心理与行为上的准备

首先让孩子感到上学是一件好事，是光荣的、值得骄傲的事，同时也是一件没有商量余地的事。家长可以用赞叹、喜悦、欣赏的语气和孩子谈上学的事。如平时，把他（她）拉过来或抱在怀里，对他说："宝宝长大了，已经成为一年级小学生了！"

语言是有艺术的。一个意思这样说或者那样说，会让孩子收获完全相反的印象。看看下面的话，可将括号外和括号内的做对比，哪种效果更好呢？

1. 看你听话的样子，老师一定很喜欢你呀！（如果不听话，老师会生气的！）

2. 今天在学校你最高兴的事是什么？（今天有什么不高兴的事发生吗？）

3. 今天你和同学们玩得很开心吧！（今天有没有同学欺负你？）

4. 真懂事，真的像个小学生啦！（你再这样，我就告诉老师了！）

5. 做得真好，老师会表扬你的。（今天有没有被老师批评？）

6. 老师教给你们这么多规矩呀！（学校怎么这么多事呀，真麻烦！）

7. 不懂就问，老师会很愿意告诉你答案的。（你老找老师，老师会烦你的！）

8. 你真有礼貌，是小学生了就是不一样了。（你没礼貌，我就告诉老师了！）

9. 你说得有道理，继续说。（你到底在学校学了些什么？说都说不明白！）

10. 加油吧，你一定行！（你真笨！）

（三）用朋友的方式对待孩子，助力孩子成长

1. 给予孩子鼓励与信任。

孩子走进学校，是成为社会人的开始，不再完全在家长的羽翼下，被家长呵护成长。而是要接触社会，有独立的思考与自主的能力。这时候，家长更应该考虑，成为孩子的朋友，为孩子营造一个民主的家庭环境。在学习与生活中不断鼓励孩子，遇事后帮助孩子学会处理应对。

鼓励一定要发自真心，要对孩子有基础的观察，对他的努力付出与取得进步及时地肯定。每个孩子出生在不同的家庭，即使是兄弟姐妹，其遗传也会有所不同。每个孩子之间或多或少都会存在着一定的发展差异，这是很正常的现象。有的家长心气儿高，总希望自己的孩子比别人强，就总拿自己的

孩子与别人家的孩子去对比，甚至和社会上传说的优秀孩子对比。这样比下来，很难如愿，就不停地数落、讽刺与挖苦孩子。这种做法很容易使孩子丧失信心，迷失自我，长大以后缺乏自信，学业和事业不容易成功。我们家长要知道，决定孩子一生的不是学习成绩，而是健全的人格修养，成功的家教与父母的言语、行为息息相关。

鼓励的背后是信任。这份信任既是对孩子长大的信任，更是给孩子自信。孩子一年级都要会跳绳，孩子的身体运动能力可能弱一些，我们可以陪着孩子一起训练。可以用比赛的方式，家长和孩子制定各自的目标，每天进步一点点。可以用信赖的语气："只要努力学，认真学，我们一定能学会的。"这无形中就给了孩子一份自信，并让他明白，只有坚持才能获得成功。假如用的是这样的语气："你怎么就学不会呢？"就会给孩子的自尊心带来伤害，令他对自己的能力产生不自信。

2. 给予孩子自立自主的空间。

对于走进学校的孩子，家长和老师其实都是躲在孩子身后，帮助他们长大的人。老师会帮助孩子习得集体生活中的纪律与规矩，助力他走向更广阔的社会空间。家长其实也是如此，要帮助孩子处理问题，而不是代替孩子处理问题。

比如小学时经常发生的同学矛盾。孩子会向家长求助，一听到孩子可能被欺负，有的家长立刻急了：这还行？找他去！孩子有矛盾家长出头，导致同学、家长的关系恶化，孩子失去友情，甚至还学会了用暴力去解决问题。

理智的家长听到孩子的叙述，在表达自己的关爱与安慰的同时，会向孩子传达出这样的意思：孩子之间打打闹闹是非常正常的，也许前一分钟还在争抢打斗，下一分钟就手拉手玩到一起去了。会请孩子详细说说前因后果，为孩子解决问题提供建议，分享自己处理类似问题的故事。如果觉得孩子解决有困难，也可以私下联络老师或者对方家长，积极促成孩子自己解决矛盾。这是睿智型家长，这样做，可以让孩子学会协调关系，解决冲突，保护自己。

三、小学低年级段实现家校共育的路径

为了孩子的健康成长，学校、家庭仅仅做好各自的工作是不够的。更应该在彼此的教育中，互相配合，形成合力。随着全社会对这个问题的重视，作为学校的教育工作者，我们也在尝试一些探索，在这里跟大家分享。

（一）家长主动参与学校的教育工作

家庭教育虽然是面对自己的孩子，但是其中的特色优势，也值得跟其他孩子分享。比如，家庭中的职业生涯教育、传统文化教育就非常有特色。我们尝试在年级中开办家长课堂，将家庭教育中的优秀案例进行全员分享。有的家长，穿上帅气的机长服，为孩子讲授飞机的飞行原理和乘飞机的礼仪。有的家长，给孩子讲航天故事。有的家长为孩子进行心理疏导，非常

受欢迎。看到家长走进课堂，孩子们也是非常自豪，家庭关系更加和谐温暖。

（二）让学校教育在家庭中延伸

今天的学校教育，也在新时代里不断更新变化，许多新的教育理念正在被唤醒。比如项目式学习、博物馆学习等。这些新的教育理念，在实践中热切呼唤也实在需要家庭的参与。项目式学习认为，学习不应该仅仅一教一学，更应该是孩子面对问题时的主动探索。在探索过程中就需要展开调研、实验，需要学科教师的知识帮助，也需要家长的协助引领。一个班级想要设计班徽，除了美术老师讲美术设计外，语文老师会提供说明文的写法，文学故事的例子，数学老师需要给孩子讲讲设计图的比例尺，家长可以启发孩子，满足他在设计时的一些需求。一位家长在周末带着孩子在学区转了一圈，孩子记下各种文化符号元素，设计出了一枚非常有文化底蕴的校徽，得到全年级师生的肯定。

博物馆学习是近年新兴的教育方式，通过文物孩子可以真实地接近历史、科学与文化，亲子学习是重要的学习方式，学校和博物馆的学习单，只有在家长的引领与配合下，才会发挥最佳的效力。

一说到家校，有一些人最先想到的是家校矛盾。如果我们站在孩子成长的立场上看，家校都是孩子成长的基石，所谓的矛盾，其实是孩子成长中的一个个台阶，家校同心，相向而行，就会形成家校共育的生动局面，孩子的成长就会生机勃勃，奋发向上。

孩子成长的过程就像一棵小苗的生长，从播撒种子到悉心浇灌，从破土而出到抽芽长叶，从经历严寒酷暑到苗壮挺拔，从绽放花朵到收获果实……这个过程虽然漫长，却足以让人感动，值得铭记于心。让我们共同努力吧！

东城区灯市口小学　吴健

家长怎么当孩子的老师

家长要想成为一个好老师,就要阅读孩子所学的教材;要耐心地听孩子的想法;要提供"玩具",给出时间,让孩子先动手做,再动脑想;要正确认识孩子的差错,发现差错中的正确方向;要先学后教、先听后讲、先做后想。孩子小的时候,家长费心教了;孩子长大了,家长就省心了,就幸福了。孩子小的时候,家长省心,不教;孩子长大了,家长就闹心了,郁闷了。

前不久，我收到一则求助的微信："华校长，请问正方体的这道题，怎么才能给孩子讲明白？"

有朋友可能要说："一年级的小孩，怎么能做这样的题？"这确实是一个可以慢慢讨论的问题。

家长怎么当老师？家长怎样当一个好老师？这，估计是不少家长的困惑。特别是低年级学生家长辅导孩子做数学题，简直就是"老牛追兔子——有劲使不上"。

就拿这道题来说，家长们当年上小学的时候，是学不到这个内容的。现代的教材编写者普遍认同"形在体上""先具体，再抽象"的编排逻辑，也是符合小学生认知规律的。因此，小学一年级的教材上都是通过正方体来认识正方形，通过长方体来认识长方形，通过圆柱体来认识圆的。"可能""一定""不可能"等与概率相关的概念，在小学数学课堂上，已是屡见不鲜。

所以，家长怎样当一个好老师？首先，要阅读孩子所学的教材。否则，有可能要重演"刻舟求剑"的故事了。

朋友们，明白的人明白的道理都是一样的，不明白的人却各有各的困惑。"解铃还须系铃人"，如果我们不知晓孩子的错误原因，是不能有效地辅导孩子的。

所以，家长怎样当一个好老师？要耐心地听孩子讲，他是怎么想的。

还拿这道题来说，可以这样问孩子——"这道题你能选

'可能相同'，真不简单！我很好奇，你当时是怎么想的啊？还可能画出不同的正方形？"朋友，你一定不能以为只有自己的答案才一定是对的。其实，每个人都可能是错的。"应无所住，而生其心"，这是《金刚经》中的名言。当我们不执着的时候，才可能生机勃勃，才可能享受到学习的快乐。

小孩子都是哲学家。有可能孩子认为，用一个正方体画出两个正方形的时间是不同的，有先有后；也有可能孩子认为，用一个正方体画出两个正方形的位置是不同的，有上有下，或者有左有右。我们成人"锈迹斑斑"了，可是小孩是"干将发硎"。

还有可能孩子会说，他用铅笔的笔尖沿着正方体的边（其实是"棱"，这时是不用纠正的），画出了一个正方形；他再用铅笔的笔管贴着正方体的面，又画出了一个正方形。这两个正方形的大小是不同的。

朋友，如果您的孩子真是这样告诉您，那您赶紧找个正方体积木，让他实际画一画。当他真的画出了两个不同的正方形，您就应该毫不吝惜地夸他，使劲地夸他——"将来你会成为一位数学家！"

朋友，儿童的智慧长在手指尖上，小孩是喜欢在动手中动脑的。先动手做，然后才能在脑子里"做"，也就是才会借助表象去"想"。

所以，家长怎样当一个好老师？要提供"玩具"，给出时间，让孩子先动手做，再动脑想。前面的这道题，孩子之所以能用一个正方体画出两个不同大小的正方形，就是因为他有做的经验，有不听大人的话，自己玩的经验，也就是创造的经验。让孩子在学数学的过程中，动手摆一摆、搭一搭、拼一拼、画一画、数一数、连一连，非常有必要。肯下笨功夫，才会有真功夫，才会有真理解。

其实，这道题还可以利用正方体的一个面，画出4个相同但拼在一起的正方形，这样就画出了一个大正方形。进而，还可以画出9、16、25……个正方形拼在一起的大正方形。这样说来，孩子选"可能相同"，那是一个相当智慧的回答！

爱因斯坦曾深有感触地说："想象力比知识更重要，因为知识是有限的，而想象力概括着世界的一切，推动着进步，并且是知识进化的源泉。"

朋友们，数学是抽象的，但学数学需要想象。我不止一次地和老师们说："数学是和自己想象力玩耍的玩具。"我教中小学数学快四十年了，发现了一个规律：数学学得不好的学生，往往都习惯于死记硬背。其实，数学的题目，无非就是个例子，关键是要明白其中的道理，提升思考力。前面的这道题，就是个例子。

所以，家长怎样当一个好老师？我想说三点

第一，不要刻舟求剑，而要先学后教。

第二，不要固执己见，而要先听后讲。

第三，不要高谈阔论，而要先做后想。

这，好像还没有说到点子上。

家长当老师，最头痛的可能就是孩子的错，错了还错。

家长怎么当老师呢？这，首先是个认识的问题，怎么认识差错的问题。

请问，生病后，看医生，吃了药，不见好，这是怎么回事？能责怪病人吗？

再请问，孩子的作业全对，就是好事吗？恐怕未必。老子说："祸兮福之所倚，福兮祸之所伏。"

当听到孩子说"我不能错一道题"的时候，我们到底是该笑还是该哭？朋友，错不起的学生，对不了！

当然，我不是鼓励孩子在作业中出错，而是说出错是正常的现象，人生自古谁无"错"。错而能改，善莫大焉。

家长怎么当老师呢？这，也是个技术的问题，怎么化错的问题。

天下没有白吃的午餐，天下也没有白错的题。错过了，我们就要错得有收获，"错若化开，成长自来"。当我们把差错化开，那个错可能根本就不是错。"他山之石，可以为错。"那个"错"，就是攻玉的磨刀石。

怎么"化错"呢？不要盯着差错中的错，而是要去发现差错中的对，发现差错中的正确方向。比如前面的那道题，想到用一个正方体画正方形的过程了，思路就对了，方向就对了。至于画出的正方形相同还是不同，那是仁者见仁，智者见智，我们能保有孔老夫子因材施教的思想就好。

朋友，如果您在单位把一件工作做砸了，但老板看到的是，您策划中的创新，您过程中的努力……您是不是特想下次把工作做好？

朋友，交流到这里，您是不是要追问，前面那道题的正确答案到底是哪个？选中"一定相同"，大概是循规蹈矩的正确答案。那选中"一定不相同"，错了吗？如果您知道"世界上没有两片完全相同的树叶"，大概是不敢判错的。如果学生不知道这句话，那学生知道的可能是"一千个蛋当中从来没有两个是形状完全相同的"……我在前面说过，小孩子都是哲学家，我们心中一定要有这种意识。至于选中"可能相同"，如前所述，那可能是相当智慧的回答。

社会认知理论认为，儿童如果没有与他人的互动经验，长大后就很难理解他人的想法和感受。这样"化错"的过程，就是在互动，就是在对话，就是在关注差错中的正确，就是在促进成长，那感觉应该是"如坐春风之中"。所以，家长朋友一定要耐心地蹲下来，和孩子慢慢对话。

家长怎么当老师呢？这，还是个考察有没有耐心的问题。

学习，不是为了做对一道题，而是为了做对一个人。如果只是为了做对一道题，给个正确答案就好。如果为了做对一个人，孩子从差错中学到的会更多。我曾说过："唯有教师有教的耐心，学生才会有学的信心。"我想，这句话对家长当老师也是适用的。

孩子小的时候，家长费心教了；孩子长大了，家长就省心了，就幸福了。反之，孩子小的时候，家长省心，不教；孩子长大了，家长就闹心了，就郁闷了。

朋友，我们都相信，付出总有回报。您辛苦了！

北京第二实验小学　华应龙

教育4.0时代，如何科学"鸡"娃

教育进入4.0时代，孩子们竞争的已经不是知识、信息、渠道，而是适应未来社会的学习力和幸福力。那么如何才能科学"鸡"娃呢？家长应该创设丰富的家庭学习环境，建立亲密和谐的亲子和夫妻关系，母亲应阳光、快乐、平和、从容，父亲应更多地参与儿童教养过程，应理智认识、尊重和对待孩子发展的差异。

教育进入4.0时代，孩子们作为网络时代的原住民，竞争的已经不是知识、信息、渠道，而是适应未来社会的学习力和幸福力。在"内卷化鸡娃"异常激烈的今天，学者和媒体大众已经对其原因进行了深入而广泛的探讨，这里便不再赘述，也不探讨要不要"鸡"娃，因为不管主动还是被动，"鸡"娃这件事情都无法避免，所以这篇文章着重探讨如何科学"鸡"娃。

一、"鸡"娃的学习力和幸福力

目前，人们广泛认同的是"内卷化鸡娃"反映折射的是深度的教育焦虑和阶层焦虑，而焦虑的心理原因是对未来不确定性的不安和担心。所以，首先要明确未来社会需要怎样的人。

随着互联网及人工智能的迅猛发展，未来社会更会是一个创新高度集成、智慧深度融合的社会，所以面向未来社会的人也需要强大的学习力和幸福力。由此，以始为终，确定"鸡"娃目标是培养学习力和幸福力，让孩子未来能过上有意义、有价值的幸福人生。

（一）学习力

学习力包括学习动机和学习品质。

学习动机（Learning Motivation）与学习好坏有着密切的联系，明确学习动机能激发学生学习兴趣从而促进学业进步。一般来说，学习动机愈强烈，学习的积极性愈高，学习的潜力愈能发挥,因而学习的效果也愈好(李伯黍,燕国材,1993;李炳煌,2005;刘进,2018)。笔者曾调查某小学427名学生的学习动机,结果发现低年级学生的学习动机前五名的依次是为了父母(79.08%)、为了国家和世界(58.14%)、为了升学(53.49%)、为了荣誉和表扬(44.19%)、为了长知识和进步(30.24%);中年级前五名的依次是为了长知识和进步(85.71%)、为了金钱(71.43%)、为了升学(57.14%)、为了找工作(42.86%)、为了国家和世界(42.85%);高年级前五名的依次是为了国家和世界(38.19%)、为了找工作(36.36%)、为了升学(34.24%)、为了父母(25.45%)、为了金钱(21.52%)。可见,无论是低、中、高年级的小学生,升学都是排在前三位的学习动机,而对低年级学生来说最大的动机是父母,中年级学生是为了长知识和进步,高年级学生是为了国家和世界。任何一个学段学生的学习动机都不是单一的结构,而是由各种动力因素组成的复合体,既有外部的也有内部的、既有长远的也有近期的,既有为了自己也有为了父母、为了母校、为了国家和世界的。这也提示我们,培养和激发学生学习动机应充分考虑到其发展变化的规律,需要明确学习目的和意义,启发学生的自觉性,应该让学生认识到学习的重要性以及它的目的、任务、要求,认识到学习在以后的应用中的价值作用。这样随着学习的深入,认识的深入,学生对学习就越有兴趣,他们学习的积极性和自觉性就越高。

学习品质（Approaches to Learning）是由美国国家教育目标委员会（National Education Goals Panel, NEGP）在1995年最先提出的（Kagan & Moore, 1995），它不指向具体的知识技能，而指向儿童是如何获得并使用这些知识和技能（Pia, Sharon & Kristie, 2005），具体包括注意力、坚持性、好奇心、主动性、问题解决的灵活性等方面（George & Greenfield, 2005）。早期阶段表现出来的学习品质将为儿童在当前及未来学习情境中的表现奠定基础（马方圆，2007）。Duncan等人基于ECLS-K等6个大型纵向研究的数据发现，控制了入学前的语言、数学能力后，入学前的学习品质仍显著预测儿童一年级、三年级的语言和数学成就（Duncan, et al., 2007）。类似研究还发现学习品质能够显著预测从幼儿园到小学学业成就的提高率，也就是说，学习品质越好，学业能力的提高就越快（Li-Grining, et al., 2010）。研究者用累积发展循环（Cumulative Development Cycle）进行解释，认为学习品质为早期学业能力发展奠定基础，从而促进未来学业能力的获得，而学业能力的提高反过来又影响学习品质，这种相互影响使得学业能力的个体差异持续增大（Aunola, Leskinen & Nurmi, 2006; Bodovski, 2011）。所以培养孩子在学习上的好奇心、坚持性、灵活性、创造力、注意力、独立性才是"鸡娃"的关键，才是未来制胜的根本。

（二）幸福力

孩子们失掉幸福力了吗？新冠疫情期间，孩子们出现焦虑、抑郁等情绪障碍，出现行为障碍越来越普遍、越来越严重。笔者通过对某小学三至六年级的全体学生共 1967 人进行调查，结果发现 1877 人次报告了共 21 个方面的身体、学习或心理不适。具体而言，三至六年级学生第一是情绪问题（464 人次），第二是社交退缩（431 人次），第三是学习问题（361 人次），第四是生活或环境适应困难（314 人次），第五是躯体反应（247 人次），第六是问题行为和其他问题（60 人次）。其中，三年级学生面临最多的是社交退缩（133 人次），四、五年级最多的是学习问题（均为 81 人次），六年级最多的是情绪问题（91 人次）。特别值得一提的是"想要离家出走，甚至付诸行动"的，有 37 人，三至六年级分别是 10、4、8、15 人。在具体的心理辅导中发现，原因包括两方面，一是高年级的升学压力，二是普遍存在的亲子冲突。所以"鸡娃"体现的是教育焦虑，而 2020 年的教育焦虑的突出表现是：居家学习期间亲子矛盾陡增、复学之后家校冲突陡增。而这一切都是以牺牲孩子的幸福感为代价的。

二、怎么"鸡"娃

（一）创造丰富的家庭学习环境

家庭学习环境（Home Learning Environment）是指父母为孩子提供的一系列教育活动和资源，包括文化资源（如书籍和益智玩具等）、学习活动（如课外班和辅导孩子作业等）、丰富生活经验的活动（如旅行等），等等（Bradley & Caldwell, 1995; Hart & Risley, 1995; Melhuish, et al., 2008; Snow & Van Hemel, 2008）。它是儿童成长环境的重要组成部分，更是影响个体发展的重要社会资本（Foster, 2002）和过程因素（Linver, Brooks-Gunn & Kohen, 2002），也是防止贫困的代际传递和促进公平的重要方式（Masten, Best & Garmezy, 1990），对孩子的当前学习力（Connor, Son, Hindman & Morrison, 2005; Foster, Lambert, Abbott-Shim, McCarty & Franze, 2005; Storch & Whitehurst, 2001）和未来发展（Foster, et al., 2005）都有重要作用。但是家庭学习环境的数量和难度要适合孩子的发展水平，符合孩子的"最近发展区"（the Zone of Proximal Development），否则可能会适得其反、事倍功半。

（二）建立亲密和谐的亲子和夫妻关系

"糟糕的童年需要用一生去治愈，而美好的童年治愈一生。"父母是孩子最信赖的人，是孩子最温暖的港湾。温暖、亲密、接纳、互相信任、彼此支持的亲子关系和夫妻关系对孩子建立自信、学会自我接纳、学会爱与被爱、勇于担当、乐于社会交往、发展成长性思维、敢于挑战和冒险、发展心理韧性、正确面对成功和失败都有重要作用；而对立、冲突、怀疑、责备的亲子关系和夫妻关系则会让孩子自我怀疑、自我否定、害怕尝试、害怕失败、害怕爱与被爱、产生人格缺陷。尤其在有些家庭，父母与子女之间缺乏亲密的感情联系，对待儿童冷漠或忽视、挑剔、粗暴，甚至虐待儿童，或者对儿童过分放纵，不予管教，父母之间不和睦，经常吵架或打斗，或者因为学业和生活引起亲子冲突，一方面儿童可能在家中成为被攻击的对象，另一方面儿童也可能模仿和习得攻击性行为，如伤害、殴打、威胁、恐吓父母、家人等，虐待小动物或比他（她）弱小的弟弟妹妹，使用棍、棒、石块等硬物或器械造成他人躯体的伤害，男孩多表现为躯体性攻击，女孩多表现为言语性攻击，如咒骂、侮辱等。慢慢地，孩子就在丢掉他（她）的幸福力。

（三）做阳光、快乐、平和、从容的母亲

一个阳光、快乐、平和、从容的母亲就是鸡娃的"金名片"。母亲消极情绪和行为是危害儿童健康发展的高风险因素，母亲患抑郁症的儿童出现适应问题和情绪障碍的概率是情绪正常母亲儿童的2—3倍（Cummings & Kouros, 2009）。Goodman 等（2011）通过对193项1982—2009年间相关研究的元分析发现，母亲抑郁与儿童更高水平的问题行为和消极情感显著相关。Goodman（2007）在研究综述中指出，抑郁的母亲也常常对孩子采取消极和批评性的态度，而这将导致儿童在面对负性事件时更容易把错误归结于自己、贬低自我价值。不仅如此，抑郁母亲通常表现出消极的人际关系以及问题解决和应对能力，这会诱使儿童在面对消极情感时同样做出消极的回应。另外，抑郁母亲具有更多的批评和敌意行为，以及更多的强制性教养行为和态度，也会导致儿童的行为问题。所以做一个阳光、快乐、平和、从容的母亲，为孩子的人格和人生涂上温暖、亮丽的彩色，他们将在"自鸡"的道路上也更加阳光、快乐、平和、从容。

（四）父亲参与儿童教养过程

教育 3.0 时代以来，人类进入"机器工业文明"时代，女性普遍进入劳动力市场，父亲的角色也发生转变，从传统的养家者逐渐变成儿童的同伴、老师、引导者、保护者等，发挥着与母亲不同，也是母亲不可替代的重要作用，其角色重要性也日益凸显并受到重视。如果父亲更多地参与教养，那他的孩子会更善于与人交往、有更少的攻击性、有更高更广的眼界、更好的问题解决能力。父亲更多地参与教养甚至还可以降低家庭条件较差、消极的婚姻状态、消极的教养状况和消极的心理健康水平（如抑郁）等对孩子产生的消极影响，对孩子起到保护作用。但是，当今社会"丧偶式"育娃仍然普遍存在。所以，父亲们要努力抽出时间陪孩子一起运动、看书、游戏等，哪怕是每天十分钟或者每周半小时只属于孩子的"黄金亲子时光"，日积月累，其作用也是不可小觑的。

（五）理智认识、尊重和对待孩子发展的差异

孩子的发展有其共性，也有其个性。个体差异是客观存在的，包括性别差异、能力差异、性格差异、年龄差异等，体

现在发展特点、水平、速度和方向等各个方面，所以有的孩子两岁半就能背上千首古诗，有的孩子数学逻辑思维超常，有的孩子运动能力惊人，有的孩子英语水平堪比母语人士……但其实，每个孩子都是独一无二的，蕴含着独特的成长方式、特点和可能，父母要正视、接纳、尊重孩子之间存在个体差异，对孩子进行全面评价，科学设计孩子成长的个性化教育方案，提供相应教育资源。

托尔斯泰说："全部教育，或者说千分之九百九十九的教育都归结到榜样上，归结到父母自己生活的端正和完善上。"既然"鸡娃"之路无可逃避，那就相对从容、温柔地"鸡"，尊重教育及成长的规律，做好榜样和力所能及的事情，激发孩子的自主性，培养孩子的学习力和幸福力，相信成功是成长的水到渠成，不忘初心，方得始终。

北京市海淀区玉泉小学　王红艳

家校携手，助力孩子走好成长第一步

幼升小是孩子成长过程中一个新的起点，孩子入学后会面临生活作息、环境与交往伙伴、学习内容与方法等方面的改变，家庭教育可能也会面临一些令人头疼的问题，此时家庭教育和学校教育应步调一致，家长信任老师，给老师力量；在面对小事时，宽容大度；克服焦虑情绪；加强沟通，理解宽容。家校携手共创良好的班级氛围，才能形成合力，从而取得理想教育的效果。

幼升小是孩子成长过程中一个新的起点，他们将在老师的带领下，接受系统的学校教育，沉浸在这个不同于幼儿园的全新环境中，亲身感受自己成长的快乐。与此同时，当孩子迈入校园的一刹那，也把各位家长的期待与学校教育紧紧连在一起。

一、如何让孩子更快地适应学校生活

（一）孩子入学后的三大挑战

1. 生活作息的改变。

上小学前，幼儿园负责提供一日三餐。上小学后，孩子们八点十分到校，八点二十开始上课，没有早餐。且午餐时间一般在上午第四节课后，12点左右。所以，家长一定要保证孩子，在家吃好早餐。

上小学前，孩子们在幼儿园有专门的午睡场地，一般睡两个小时左右。上小学后，孩子们只能拿着小抱枕，趴在桌子上睡会儿，顶多一个小时。而且下午要到五点多才放学，孩子们会感到很累。所以，晚上一定要让孩子们早睡，保证充足的睡眠时间。

2. 环境与交往伙伴的改变。

幼儿园与小学是两个完全不同的生活与学习环境。熟悉的幼儿园、小伙伴，现在变成了陌生的学校、同学；原来分区域的活动室，变成了按组就座的教室，活动环境也受到一定限制。另外，卫生间和水房都不在教室里，孩子们上厕所或者接水，都会有一段路要走。这些环境的变化，要求孩子在短时间内要认识老师的办公室、专业教室、医务室，认识卫生间、水房等和他们学习生活密切相关的场所。

幼儿园突出的是"教养并重"，至少是两位教师、一位保育员的配备，每时每刻都有一位教师加一位保育员伴随左右，随时解决孩子的困难。而学校"以学为主"，一天五六位老师轮流上课，孩子就得学会适应突然加快的节奏，学会自我管理，遇到一些困难时，还需要自己先去解决，比如，鞋带开了怎么办？口渴了怎么办？这些以前都有家长或老师帮助的小事，现在需要孩子自己独立解决时，可能就会让一些在这方面没有训练过的孩子，产生焦虑情绪。

3.学习内容与方法的改变。

幼儿园的教学活动是以游戏为主要形式，教学内容浅显。进入小学，孩子们要系统地学习各门学科的知识，每门课程都有明确、具体的教学目标与教学要求。老师要按教育教学计划，采用课堂讲授方式，通过直观性、趣味性的教学活动，严格实施。培养学生的听、说、读、写、算、思维训练等知识技能。学生必须在课堂上学会听讲，课下按照老师要求复习，才能较好地完成学业。

这三大改变，看似简单，但对于一些适应能力弱些的孩子，可能就会出现情绪、行为上的不稳定。每年一年级新生入学,我们都会看到:有的孩子不愿意进教室,刚送进去就哭闹着想跑出来;有的孩子不敢与人交流,有困难也不主动求助,甚至尿了裤子都不说一声;还有的孩子经常与小伙伴闹矛盾,甚至动手打人。面对孩子这些突如其来的不适应,家长们,你们准备好了吗?

这个准备可不是给买个新书包、准备好铅笔盒这么简单。这个准备是爸爸妈妈对于"自己将是一个小学生的家长了",要发自内心地认同并且接纳。

我们都不是天生就会做父母的,很多爸爸妈妈都是第一次当家长,可能也有一些爸爸妈妈有了二孩经验,但每个孩子都是不同的个体,虽有经验但只能参考,无法复制。因此说,孩子需要学习成长,作为家长,我们也需要在成长的路上陪伴孩子,不断挑战自己。

(二)如何让孩子更快地适应学校生活

一年级学生是个特殊群体,每位家长都希望自己的孩子得到老师更多的关注,这对老师来说是压力更是动力。为了让一年级新生尽快适应学校生活,这些年,老师们开展了平稳度过一年级,"好习惯早养成"系列研究,总结了很多宝贵的经验,编写了入学教育校本教材。同时,老师们还把这些目标、要求,细化到第一天、第一周、第一个月的任务中,让孩子和家长对一年级的工作及要求,更为清晰明确。

1. 第一天：认识学校，预备起跑。

开学第一天尤为重要。我们要在最短的时间内，帮助孩子尽快进入自己的角色，要让孩子了解以下几项内容：

（1）认识自己的班主任及班主任所在的办公室。

（2）认识自己的教室和自己在教室中的座位。

（3）认识男女卫生间、水房、医务室、操场的具体位置。

（4）初步知道上下课的铃声。

（5）初步了解学校的作息时间等。

2. 第一周：孩子们要了解学校，适应环境。

（1）认识教自己的所有教师和用到的专业教室。

（2）认识班内的大部分同学，最好能熟悉五位新朋友。

（3）认识课程表和各科书本，知道不同课程摆放不同的书，而且要学会按老师要求，把书本和文具摆放在相应的位置。

（4）能够遵守课堂纪律，四十分钟坚持上课，减少课上去卫生间的次数。

（5）学会正确的书写姿势，爱护书本、文具。

（6）初步具有集体意识，能够听懂老师的简单要求，并按要求去做。

（7）课间，能在老师的提醒下按要求完成准备工作。比如，先喝水、上卫生间、准备学具后再进行游戏等。

（8）上操、放学排队时能在队伍里找到自己的位置。

（9）学会自己吃饭，饭后收拾餐具。

（10）放学时，找到家长后告知老师再离开，并主动和老师说再见等。

孩子入学第一周，老师会帮助他们了解学校，让孩子在短时间内，建立起基本的学习和生活作息习惯。

3. 第一个月：从细微之处培养好习惯。

第一个月，老师们会从培养孩子良好的习惯入手，主要指导孩子们做到：

（1）能适应学校的作息时间，上学不迟到、不早退。

（2）养成良好的文明礼貌习惯，见到老师主动问好。

（3）能够严格遵守课堂纪律，上课回答问题声音洪亮、说话完整。

（4）能够按要求带齐学习用具，巩固正确的书写姿势。

（5）能够使用记事本，记清楚老师的要求。

（6）课间进行正当游戏，不追跑打闹，走路靠右行，做到慢步、轻声。

（7）不随意动别人东西、捡拾学具等物品要归还或交给老师。

（8）知道学校一些安全设施（如灭火器），不乱摸、乱动。

（9）能够学会最基本的劳动本领，如：擦桌子、扫地等。

（10）每天中午在学校吃饭的学生，要学会安静午休，不影响他人休息等。

一下给孩子们定下了这么多的规矩,他们不一定能完全做好。所以,在日常的工作中,老师们会多示范、勤督促、严要求、常鼓励。家长们需要做的就是在家里和老师要求一致。

对于孩子们来说,入学的第一天、第一周、第一个月……还有很多的第一次,都具有非常重要的意义。无数个"第一次",都是孩子们人生道路上一个又一个里程碑,印出的是足迹,流下的是汗水。在孩子成长的过程中,虽然会遇到很多这样或那样的问题,但只要家庭教育与学校教育步调一致,形成合力,就能取得理想的效果。

(三)新生入学,家长需要关注哪些情况

"让孩子平稳度过一年级",老师们起到的是重要的核心作用,而家长在孩子顺利适应学校生活中的作用中也不容小觑。为了让孩子尽快适应,家长要与老师一起帮助他们起好步、开好头。有几点小建议,供大家参考。

1.关注孩子第一个月的情绪(喜、怒、哀、乐)。

进入小学的第一个月很重要。第一个月是学生最不适应的一个月,是最不稳定的一个月,但也是一些习惯培养的最佳时期。这时的孩子需要关心、需要鼓励、需要理解、需要帮助,更需要规范。而这些需求和渴望,孩子们会通过不同的方式反映出来,等待家长去解读。作为家长,要善于观察孩子的情绪、兴趣、身体的变化,耐心倾听孩子的心声。比如,每天可以和孩子聊聊天，问问他：今天在学校有什么开心的事吗？愿意和我分享一下今天最难忘的事吗？遇到什么难题或者困难了吗？你是怎么解决的？等等。通过这样正面的沟通、观察与倾听，能了解孩子在校的情况，知道他对什么最感兴趣，和谁最好，遇到了什么困难，等等，从而有的放矢进行引导。如果这时我们家长放弃了这个机会，或把这种责任委托他人，那将是一种无法弥补的遗憾。

2. 关注孩子第一个月的学习习惯（特别是在家的学习安排）。

"良好的开端是成功的一半。"孩子要确立一种观念：现在是小学生了，每天除了学校学习外，还要养成回家按时学习的习惯。虽然根据"双减"要求，小学一、二年级取消了回家的笔头作业，多数是口头作业，但家长可以根据教学进度，让孩子自主地读一读拼音、课文、课外读物、练一练口算等。学习的时候还要注意孩子读、写的姿势是否正确，一定要帮助孩子养成自觉学习的习惯。

万事开头难，一年级时，如果家长能与老师合力帮助孩子获得学习的动力、养成学习的习惯、找到学习的方法，那么孩子以后会越学越轻松，家长也会越管越轻松。

一颗鸡蛋，从外边被动打破就是食物，但从里边主动打开则是新的生命。一年级开始，我们一定要警惕，千万不要和孩子一起在学习上陷入被动。

3. 关注孩子第一个月的生活及行为习惯。

用一句话来说，就是"自己的事情自己做"。那么都有哪些事需要孩子自己做呢？

（1）孩子要会吃饭、穿衣、睡觉。

（2）孩子要会上厕所，便后洗手。

（3）孩子要会管理自己的物品，收拾书包。

（4）有需求一定大胆跟老师说，要会表达自己的诉求。

（5）做事不拖拖拉拉，提高效率。

（6）要有一个良好的礼仪训练，简单地说就是"坐有坐相、站有站相"。另外，语言上的礼仪也很重要，比如，会在不同的场合、情境下，主动说"您好、谢谢、对不起、不客气"等。

（7）培养动手能力和劳动能力，比如，孩子们会用橡皮、剪刀，知道爱护书本、用过的物品及时归位。此外，还要学会擦桌子、扫地、拖地等。

（8）孩子在入学前一定要记住父母的电话，有事便于及时联系。

（9）保管好自己的物品，不丢三落四。

（10）调整好生活节奏，调整好作息和饮食的习惯，加强锻炼、保护视力。在这儿还要提醒家长：孩子一定要早睡早起，晚上最好不要晚于九点睡觉，起床最好在七点左右。确保十个小时的睡眠。

下面，我以几方面为例，重点来说。

学会整理书包。教会孩子整理书包后，一定坚持让孩子自己整理，培养责任意识——切记：只能指导，不要替代。其实，整理书包是培养孩子责任意识的特别有效的一个办法。因为整理书包的过程，是一个思考的过程，也是一个心理准备的过程（收拾书包时，孩子会想：今天的学习任务完成了吗？明天有哪些学习活动，我要带什么用具？明天要交给老师什么材料，我都做好准备了吗？这些物品都分别放在书包的哪个地方了？按照什么规律摆放的？等等。这些，他自己都要清清楚楚），这既是对自己负责的一种表现，也是培养良好习惯的过程。作为家长，前期一定要投入点时间，督促孩子认真执行。一旦形成习惯，孩子受益，大人也省心。

学会自己吃饭。饭，一定要让孩子自己吃，而且要控制好吃饭的时间。饭后孩子们还要学着自己收拾餐具。在学校，我们会让孩子把剩的饭菜，统一倒在给各班专门配备的厨余垃圾回收桶里，然后，让孩子用餐巾纸及消毒湿巾把饭盒简单擦擦，不洒汤即可，放学时带回家清洗消毒。

学会处理突发问题。放学时，如果没看见家长来接，一种情况是家长提前跟孩子说好了，那么孩子要主动告诉老师，并与老师一起在指定地点等候。另一种情况是老师和孩子都不知道家长为什么没来接，这时，孩子要记住家长的电话，通过老师及时与家长联系解决。千万不能在家长不知情的情况下，跟着亲戚，或其他小朋友家长走了。这是一种安全意识的培养，家长需要提前告知孩子，并给予一定的要求与训练。

教育不是一蹴而就的事。习惯培养更是一个复杂而精细的系统工程，要求高、任务重、时间长、见效还慢，但只要做到有决心、有信心、有耐心、有创新，最后一定会成功。

4. 家长，要做孩子最好的老师。

（1）做孩子的表率。

我们常说：在孩子身上，一定能看到家长的影子。所以，家长一定要注意自己的个人言行。比如，不说脏话、遵守公德、孝敬老人、读书学习等。总之，你想让孩子成为什么样的人，自己首先要做到。

网上，曾有人把家长总结为三个层次：三流的父母做保姆（这样的父母，事无巨细，包办代替，做了很多，还不一定得到孩子认可）；二流的父母做教练（这样的父母，往往用简单粗暴的棍棒之法教育孩子，孩子小时候不敢怎样，大点时逆反现象会比较严重）；一流的父母做榜样（这样的父母，以自己的言行引导孩子成长）。

这三句话是否绝对准确，我不做评判，但我相信：榜样是行动的方向，是潜移默化的精神力量，对孩子具有示范和鼓舞的作用。这是我们每一个家长都可以做到的。

（2）陪着孩子学习。

一年级的功课对于成年人来说，太简单了，不起轻慢之心都很难，更别说那些在学前，已经被家长如临大敌地监督着提前学了不少知识的孩子。因此一年级家长大多会自然而然地大撒把，对引导孩子学习的事不太用心。

但是，一年级的知识真的只是课堂上随便听听就会了吗？当然不是。一年级核心的学习任务，根本就不是课本上那些知识，而是学习如何当一个学生；如何能够主动融入学习生活，培养终身学习的习惯与能力，最好还能乐在其中。

所以，一年级时，父母一定要陪着孩子学习。这个陪伴，并不是家长指导或检验孩子文化知识学到了多少，而是在这个过程中，配合学校强化孩子良好学习习惯的养成。

（3）重视基础性学习，也要重视实践性作业。

很多父母认为，小学一、二年级的知识很简单，没必要细究，以后主要看学习能力。那能力从哪儿来呢？就是扎实的知识基础，广博的知识视野，合理的知识结构，良好的知识素养。因此，很多基础性的学习，千万不能小看。而实践性作业正是检验和提升孩子学习能力的途径。如：数学课上的"玩转数学"乐翻天，数学课后布置的做学具；语文课前五分钟讲故事；英语课上的唱英语歌曲、演英语课本剧；等等。老师们精心安排的实践活动，就是想把基础性知识很好地运用到生活实践中，从而发展学生的能力，所以这也是作业。由于一年级孩子年龄小，家长如果能够辅助与支持一下，也算是一项有意义的亲子活动。

语、数学科要求可能是家长比较关注的。

语文学科。

① 语文课本使用的，是由教育部组织编写的全国统一教材。教材里的课文选篇，强调经典性、文质兼美、符合该年龄段的认知规律。此外，还适当地兼顾了时代性。教材里，传统文化的篇目相比以前的课本增加了不少，而且小学一年级开始就有古诗文。所以要鼓励孩子多背诵，多积累。每篇课文后面，都附有读或背的内容要求。

② 一年级以识字写字为主，所以要掌握课本上的一类字和二类字。田字格里的字，称为一类字，要求会认、会写、会运用，家长要关注孩子的书写，笔顺、笔画是否准确。双线里的字称为二类字，笔画较多，要求会认读即可，不要求会写。蓝色的字是多音字，要求掌握不同读音并会组词。

③ 阅读可以加大孩子的识字量，培养语感及理解能力。所以，课后要多阅读，通过眼口的配合，强化对文字的识记与理解。建议您每天安排十到二十分钟的亲子阅读，读后，还可以与孩子交流一下故事的内容，最喜欢的词句、人物等，训练孩子的记忆力、口语表达能力。

④ 作业类型主要是听、读、说，课堂上会有写的练习。大部分孩子都能在课堂上完成，由于孩子有差异，极少数课堂上没有完成的，会带回家完成，第二天再交给老师。语文写字可是熟练工种，多写多练不仅可以强化识记，还可以训练孩子

小手的肌肉发育，为今后的写字速度提升打好基础。所以，家长可以根据孩子的情况自行安排。

数学学科。

①为了锻炼学生的思维，数学课上的动手实践活动比较多，请家长一定按老师要求，准备齐学具，并每天提醒孩子带好学具。

②重视基础性作业。由于数学课时比较紧，课堂教学会更多地关注探究性学习和思维引导，所以数学课堂上，每天练习口算的时间很有限，希望孩子们课余每天自愿练习二十至五十道口算题，因为提高口算速度和准确率，是学生今后学习数学的基础与保障。（当然口算练习可以采用多种形式——自制口算卡片，玩扑克牌游戏，做点口算册上的练习，均可，在游戏兴趣中提高孩子们的计算能力。）

③重视数学实践性作业，根据教学内容，会有实践性作业，同时老师会在班中定期展出，如果家长能适当给予指导与辅助，作业效果可能会更好，也会给孩子们提供一个增强自信的机会。

了解了孩子第一天、第一周、第一个月要做的事情，以及家长要关注的问题后，还是不能掉以轻心。因为孩子在六岁之前，看似无关紧要的小事，上学后，都会一下凸显出来，成为家长教育中最头疼的大问题。

二、家庭教育的困惑与建议

(一)家长教育中,最头疼的问题

孩子马上上一年级了,上学后会有哪些问题困扰我们?怎么解决呢?从以往的工作实践中发现,孩子的问题,主要体现在以下两大方面:

问题一:拖拉磨蹭

"十个孩子九个拖。"早上不起、洗漱慢、吃饭慢,干什么都不着急。陪娃写作业之所以成为爸妈们的心头之痛,很大一个原因是孩子太拖拉。几分钟能解决的事,磨蹭了半个小时还没好,以至于妈妈们常常吐槽:不谈学习,母慈子孝,一提学习,鸡飞狗跳。

其实,拖拉是人之本性,不只是孩子,成人也有同样的问题。拖拉的行为,实际上是生活习惯、行为习惯长期积累的结果。

1. 这个"拖拉症"要怎么"治"呢?

(1)合理安排作息时间,制订好学习生活计划,尽量不随意给孩子增加额外负担。从早上起床开始,每天每个时间段要做什么,家长要和孩子一起制订计划,让孩子心里清楚,有计划、有目标,才能够更好地安排时间。尤其是在学习方面,说好了的任务,不能因为提前完成,又给增加几项,导致孩子用磨蹭的办法来抵抗。

（2）限定一些时间，奖励自主时间。可以采取限定时间的方法提高效率，节省下来的时间，奖励孩子自由安排，让孩子做一件自己喜欢的事情。对于有拖拉问题的孩子，可以适当放宽一些时间，比如，应该十分钟完成的事，可以给他十五分钟，目的是让他先尝到按时完成或提前完成被奖励的甜头，喜欢您这种方法，慢慢地再过渡到正常时间。

（3）弄清拖沓的原因，保持客观态度。孩子从小学到中学的学习过程是艰苦的，会不断遇到各种困难，有的孩子可能知识没掌握，题目不会做，才出现拖拉的现象。当家长觉得孩子写作业比同学慢时，先要弄清原因：是不会做呢，还是懒，不想做？或者是没有养成好习惯？在了解孩子情况的基础上，加强与老师的沟通联系，共同想办法解决问题。

（4）减少环境的干扰因素。学习的空间最好是相对开放又独立的。比如，自己的书房，或者在客厅某一个角落，这样家长可以观察到孩子的状态。学习的时候，家长还要帮助孩子消除一些干扰因素，比如课外书、iPad、手机、零食、水，等等，都先要收起来。学习的时候一定要专注。

（5）学会分类，有些事需要马上做，有些事情可以放一放。要帮助、引导孩子分析事情的紧要程度，学习衡量事情的轻重缓急，知道哪些必须先做，哪些可以后做。这个是比较难的，我们很多大人也不一定做得到，但是，要对孩子从小引导，培养规划的能力。

（6）要求孩子自己的事自己做。家长不要什么都包办代替，您放手，孩子才能成长。另外，因为孩子自己拖拉，造成的迟到等问题，要让他自己承担被批评的后果。家长可以提前告知孩子有可能要承担的后果，但不能替孩子包揽责任。

（7）放大优点正强化。虽然有人对"好孩子是夸出来的"这句话存有质疑，但我相信，谁都希望得到鼓励肯定，大人如此，孩子更如此。适时的表扬肯定，是用正向的评价，鼓励引导孩子明确进步的方向，强化正确的行为规范。

我记得有个专家曾说：你想让孩子在哪方面做得更好，就用放大镜寻找在这个方面的点滴进步，哪怕做得还不尽如人意，也要从"努力过程、具体表现、产生这样结果的原因"等方面，使劲表扬，并告诉孩子这么做的好处，怎么做还能更好。这样的夸赞，一方面让孩子感受到您看到了他的进步并暗喜：这么简单的小小的进步就能让家长高兴，一点都不难。另一方面，为了让家长开心，为了继续得到表扬，更为了获得一些自己想要的好处，孩子会愿意做得更好，并且对自己有信心、有期待。

2. 针对拖拉磨蹭这个问题，您可以试着这么夸。

"今天早上一叫你就起床了（过程），没有耽误时间，所以咱们上学没迟到（结果）；明天争取穿衣服、吃饭（从哪改）再快一点点（怎么改），这样是不是就能更早一点到校了？"这句话里我表达了两层意思。一是对所看到的过程及结果的肯定,指出孩子到底哪里做得好。二是哪里还有可以改进的地方,对如何做得更好,给出具体指导。这样,孩子在听到你的夸赞之后,既不会变得飘飘然,还会努力做得更完美一些。

"今天做作业的时候,我发现你没有像以前一样,又喝水又吃东西,所以给自己节省出一些玩的时间。"

"我发现今天的题,基本上都是一次写好的,说明你在学校认真听讲了,所以没有反复涂改,又节省出一些玩的时间。"

这两句话中,每个前半句都是"节省出时间的原因",后半句是告知孩子:这么做给自己带来哪些好处。这两句话里虽然没有提到"你真棒"这三个字,但是家长说这话时的语气,一定要将"你真棒"的情感表达出来。这样孩子就会觉得付出努力后,获得的回报是有价值的,是令人欣喜和幸福的。

再比如:

晚饭时跟孩子聊天。"听奶奶说,今天放学你都没在外面玩,直接回家就读书、练字、做题,所以吃饭前,就把学习任务完成了。所以,抓紧吃完饭,一会儿咱们下楼跟小朋友玩会儿。"

玩回来再跟孩子聊聊天。"今天开心吗?为什么啊?"当孩子说出今天的时间安排很合理时,家长可以说:"嗯,我也觉得你这个安排,不仅合理,还很聪明,学习、游戏都没耽误!"

这两处交谈不仅有对孩子抓紧时间的奖励,更有对好方法、好习惯的肯定。这种夸赞能让孩子感到自己的成长。

所以，家长一定不要吝惜您的表扬，要夸得及时、夸得到位，夸得明白，让学生觉得自己有信心能做好，让孩子每天都期待着您的夸奖。开始时孩子可能是为了赢得夸奖而有意表现，时间长了，慢慢就会形成一种习惯。当孩子的优点足够多、足够大的时候，他的缺点就变得越来越少。

这就是放大优点正强化。它不仅用于改掉拖拉的毛病，用在很多地方都好使。

问题二：情绪不稳定

主要是焦虑、安全感不够。上学后，绝大多数孩子都能开心快乐地学习生活，但也有一些孩子情绪波动会比较大。比如：

虽然我们都是零起点教学，但因为新版教材内容多，进度快，有些孩子入学后，就会觉得跟不上、有难度。曾经有个刚入学的小朋友，哭着对老师和家长说："这题太难了，我怎么都学不会，我不想上学了。"其实，这是一种面对困难退却、畏惧、压抑的表现，也就是我们常说的抗挫折能力较弱的问题。

还有些孩子上学后，不适应学校的管理，不听任何人的劝告，极有个性，想哭就哭，想闹就闹，甚至搅得班里其他同学不得安宁。

分离焦虑，坚持上幼儿园的孩子还好一些。一些孩子因为家里有人看护，上幼儿园就属于三天打鱼两天晒网，规则意识弱化，一些正常的生活作息也被打乱。再加上家人全天候的陪伴，让孩子更是离不开家长，入学后还容易排斥同伴。

1. 为什么会出现这样的问题呢?

（1）家长过于溺爱。其实，家长明知溺爱是错的，但由于心软，一看到孩子哭个不停，还是选择了妥协，孩子尝到了哭闹的甜头，久而久之，养成了任性的毛病。

（2）包办代替。不管孩子有什么事，家长全都冲在前面帮助解决了，导致孩子依赖性增强，遇到问题不是去想解决问题的办法，而是想着怎么能让家长帮助自己解决。

（3）家长爱比较、经常打压孩子。"你看看别人家的孩子，再看看你"，相信这句话大家都听过，甚至有些家长一有不如意，还从自己的嘴里冒出来过。从心理学的角度来说，通常一个人长期被言语打压之后，就会变得自卑懦弱，遇到一点小问题也会因此想不开。

2. 面对情绪不稳定的孩子，我们可以怎么解决呢?

第一步：倾听——关心、关爱。

即使作为成年人，当我们情绪不高的时候，我们需要的也常常不是建议或评价，而是有一个人能够静静地听我们诉说。对孩子们来讲也是如此。通常，他们需要知道的只有一点——你是否关心他，是否愿意花时间来听他说。所以，我们只需要静静地听他们倾诉，或者适时地提一些问题，轻柔地引导他说："具体发生了什么事啊？你当时做了什么？做完后你有什么样的感受？……"

第二步：共情——理解、体会孩子的心理。

当孩子表达出自己的情绪时，不要评价，也不要歪曲。只是简单地描述你所看到或感受到的情绪表现，比如：

"这道题不会做，你很着急吧？"

"刚才又哭又闹，是不是觉得有什么委屈啊？"

"小朋友没有邀请你一起参与活动，是不是有些郁闷？"

通过这样的提问，让孩子知道——我们很理解他，能体会到他当时的感受。这是帮助孩子控制情绪的最重要的一步。

第三步：分析——疏导、解决。

在他情绪平静下来后，家长需要与他就这些问题进行一定的讨论。这时，可以和他讲道理，问他这样的问题：

"你当时为什么会有那么强烈的情绪啊？"

"你觉得刚才的情绪、态度解决问题了吗？"

"下一次遇到类似的情况时，咱们还可以用什么办法来处理呢？"

这些讨论和思考，可以帮助孩子更好地反思和理解自己的情绪，进而引导孩子遇到问题后，学会冷静思考，一个办法解决不了，还可以想更多的办法来解决。

以上我说的这些，都是这么多年，经过实践总结出来的，您可以试着用用，并在此基础上加以创新。

3. 养鱼重在养水，养树重在养根，养人重在养心。

其实，孩子每一个问题的背后，往往都藏着一个深切的渴望，所以我们必须要走进孩子的心里，了解他们的所思所想，并给予所需要的指导与帮助。

4. 对孩子最好的教育，就是要懂得爱的分寸。

我常见一些年轻父母，高兴的时候，对孩子亲亲抱抱，像对待喜欢的玩具一样，爱不释手。特别能理解，因为这是父母爱情的结晶，是家庭的开心果。而且拥抱也是表达爱的最好方式。但是，我又在思考：怎么能让家长的爱与拥抱，随着孩子年龄的增长更有价值呢？

我想，有价值的拥抱应该是：

（1）当孩子需要时。比如，要平复孩子激动的情绪、安抚孩子受伤心灵、给予孩子想得到的关注，特别是敏感的孩子，更需要以拥抱增加安全感。

（2）当父母需要时。比如，当我们想给予孩子认可、鼓励时，除了言语上的肯定、夸赞，还可以用拥抱来代替，强化孩子对正确行为的认知。

总之，一定要让孩子感受到家庭温馨有爱的氛围，因为家庭的和睦，特别是爸爸妈妈之间的和谐幸福，对孩子的成长极为重要。所以，父母间或者与老人间的矛盾，不要当着孩子的面表现出来。家人间也要相互理解、相互体贴。有句话说得特别好：家不是讲理的地方，是讲情、讲爱的地方。

所以，当孩子需要时、当家长需要时，我们都可以给予孩子热烈的、温暖的、关爱的、感动的拥抱，有时甚至可以用拥抱代替语言。

5. 把握好教育惩戒的尺度。

我们常说：无规矩不成方圆。教育的目的不是惩罚，是引导、启发、激励与唤醒，更是学生养成遵守规则的品行。"人非圣贤，孰能无过"，每个人的成长，本来就是一段"试错"的旅程，更何况是一个天真无邪的孩子呢？因此，好的教育除了要唤醒、启发之外，还负有帮助孩子"纠错"、引导其成人成才的责任。

有尺度的教育，应该是立足生命成长，宽严相济，奖惩分明的。是对可能发生的错误行为的警戒与禁止，有告诫之意。与其事后惩罚，不如提前约定、提前警戒，通过教育的方式与手段，帮助孩子学会遵纪守法，建立道德品行标尺。

当孩子情绪爆发，已经表现出一些不恰当的行为时，比如，对人不礼貌，大喊大叫，故意损坏物品，打其他小朋友，等等，家长在问清缘由后，要旗帜鲜明地告诉孩子：这些行为是不对的！爸爸妈妈虽然爱你，但你的某个行为，已经对他人或对某个群体，甚至对自己，造成伤害，产生了不好的后果。那么，就需要你，对自己的这一错误行为负责任。随后，在不损害孩子身心健康的前提下，给予适度惩罚，让其吸取教训。

（二）家校合作

既然是伙伴，是同一战壕的战友，我接下来就说说合作的问题。在此，想送给新生家长几句话：

第一句话，信任老师，给老师力量。

1.在教育孩子的过程中，我们倡导"三个一致"，即家庭成员间对待孩子的教育要一致，家校之间的配合要一致，老师之间的要求要一致。当理念一致、行为一致、要求一致时，孩子的成长，会更加自主、上进、健康。

在这儿，先说说家庭教育的一致性，因为这在家庭成员中尤为重要。现在，很多家庭在教育孩子中，妈妈做出的牺牲较大，一般都充当恶人，爸爸和老人往往都充当好人。没关系，谁当好人都行，但要把握一个原则：不能当着孩子的面，否定另一方的教育，即使您对这个教育有看法，当着孩子的面也要告诉孩子：爸爸很理解你，但是妈妈帮你分析的这些，我听着都有道理。你也是讲道理的孩子，以后再遇到这样的问题时，别着急，也许你会想到比妈妈更好的办法。

简单的几句话，就可以让孩子感受到您的态度和立场，只有家人一致，孩子才不会钻空子。

2.形成一致的前提，那就是信任，就是给出看得见的行动——支持。因为，在教育孩子的路上，我们是目标最一致的两个群体，是并肩同行的"伙伴、战友"。如果每一个家长，每一个老师，能够携手，就能多增进一份信任，多增加一份支持。

在学校，我们老师既是知心的大姐姐，也是温柔体贴的好妈妈，更是严格要求的好老师。不管哪种角色，请您一定相信，老师所做的一切，都是为了您的孩子健康成长。尤其是在孩子习惯养成的阶段，当您狠不下心的时候，当您在孩子的软磨硬泡下，不断迁就的时候，老师，就是冒着被家长不理解的危险，站出来帮您管教孩子的人。

所以，支持老师，就是相信老师。没有什么比相信同伴、彼此支持、相互尊重更有力量了。

第二句话，携起手来，共同创造班级安静、上进的氛围。

一个班级的风气，学习状态，取决于班主任，也取决于家长，这是大家一起努力形成的。所以我们要同心、同德、同向、同行！一起为孩子鼓劲儿，为老师鼓劲儿，为老师更好地教和孩子更好地学，创造一个安静的氛围。

第三句话，做人赢在格局，输在计较。计较的家庭走不出胸怀博大的孩子。

孩子都是小活物，而且多为独生子女，人与人之间的交往能力相对较差，甚至以为只有打打闹闹才是交流。比如，有的孩子不知道如何参与到小伙伴之间的游戏中，就过去打这个小伙伴一下，然后迅速跑开了，被打的孩子也很皮实，不甘示弱，马上追过去，两人你打我、我打你，比画了一阵，不亦乐乎，他们觉得这就是游戏。而有的孩子皮肤是属于较为敏感的，碰一下都觉得自己受到了欺负，因此被打了一下后情绪马上受到了影响。

尤其是一年级的孩子，自我保护能力较差，孩子们下手又没轻没重，尽管老师对学生进行安全教育，严盯死守，但意外受伤的事情也会发生。一旦孩子之间发生碰撞，意外受伤，老师们会第一时间通知双方家长到学校，先带孩子去医院看病，再来解决孩子之间的问题。

在此，我也有个建议：作为家长，当孩子出现问题时，您一定要先冷静，请记住一句话：冲动是魔鬼！冲动容易使人丧失理智，极端的言辞与行为会导致矛盾冲突的升级。这也是大家都不想看到的，因为我们家长的目的不是打架，是要解决孩子的问题。

您可以一方面本着宽容大度、积极主动、勇于承担责任的原则，克制自己的情绪，与老师或当事家长进行有效沟通；另一方面，和孩子探讨一下解决问题的各种方式，鼓励、引导孩子，尝试着运用最恰当的方式，自己解决问题。

有时我们大人常开玩笑说：不打不相识。的确如此，更何况这么小的孩子呢？这不是鼓励孩子去打架，而是要让孩子在问题的解决中，学会做人、做事。如果遇到问题，您总像保姆一样冲在前面，他怎么成长呢？特别是男孩子。现在的男孩子总显得弱弱的，这时家长就要思考了：是不是您包办得太多，没有放手给孩子锻炼的机会呢？

知识使人变得文雅，而交往能力使人变得完善。孩子们将来能否独立生存，能否获得成功，主要看他们能否与人和谐相处。所以我们要教给孩子一些与人交往的方法，指导孩子正确处理在与同学交往过程中遇到的问题。

第四句：克服自己的焦虑情绪。

每年孩子入学前后的几个月，家长普遍焦虑，孩子上学，不仅仅爸爸妈妈关注，还有家里爷爷奶奶、姥姥姥爷，甚至姑姑姨姨的关心。每天早上，孩子离开父母视野后，如何在学校生活？表现得怎么样？家长都牵肠挂肚。

如何克服家长的焦虑情绪呢？有几点建议供您参考：

（1）妈妈们切忌在校门口攀比。也要告诉姥姥，奶奶们。比人家孩子强，您心里高兴，如果不如人家的孩子，家长就先焦虑了，还会把这种感觉传递给孩子，让孩子失去自尊、自信。遇到优秀的孩子时，您不如先和孩子一起分析分析，让孩子明白别的孩子好在哪儿？我们可以怎么追上他？我的孩子有哪些比较突出的地方？我们怎么能继续保持优势？另外，在成长过程中，每个孩子都会不断进步，要告诉自己的孩子："我们一起努力，每天进步一点点，积少成多，我们一定会做得更好。"

（2）不偏听偏信。有一种孩子特别喜欢跟其他家长告状。比如，有孩子跟您说："阿姨，今天你家的××怎样怎样了。"听完这话，您什么心情？您会怎么做？我最怕家长听到这样的话，对自己的孩子训斥一番："怎么回事？同学都说了，你今天在学校干什么什么坏事了，老实交代。"于是，母慈子孝又变成了鸡飞狗跳。

其实，您可以换一种方式先跟告状的孩子说："谢谢你孩子，阿姨知道了，以后你可以悄悄告诉我啊。"这么说，避免他当着其他人的面，伤到自己孩子的自尊。

然后像没事一样先带着自己孩子回家。回家后，聊天似的问问孩子：今天遇到什么事情了？你有什么要跟妈妈说的吗？你需要妈妈的帮助吗？你需要妈妈怎么帮你呢？等等。用这样的方式，先倾听、了解孩子的想法及做法，然后及时给予孩子所需的支持，帮助孩子辨别正误，教育疏导。

第五句：加强沟通，理解宽容。

我曾经听说过这样一件事：一个孩子感冒了，需要吃药，妈妈只嘱咐了孩子，没来得及告诉老师。结果孩子课间光顾着玩忘了吃药，等他想起来吃药，把药放嘴里，准备喝水时，已经上课了。没办法，孩子直接把药吞了下去。放学回家，妈妈知道后特别心疼，于是对老师有了误解，觉得老师很不负责任，觉得老师不关心自己的孩子。但是跟老师说吧，怕老师对孩子不好；不说吧，憋在心里又很难受，特别纠结。其实，这就是没有沟通好造成的。如果家长和老师第一时间沟通，或者孩子告诉老师情况，问题就可以避免了。

所以，沟通非常重要。家长有事要及时说，能力范围内老师们愿意第一时间，帮助您排忧解难。

当然，老师和您、和孩子一样，也在成长。成长中难免会出现一些问题，只要不是原则上的，不触犯底线，我们是不是应该给予理解和宽容，及时提醒与帮助呢？

作为教师，我们理解家长望子成龙、望女成凤的心情，会积极与您沟通交流；同时，我们更期盼着，得到您真诚的理解、尊重与信任。要知道，人的动力往往来自周围人的认可与期待。

我认为：一个理想的家校关系，应该是尊重、信任，平等、合作，有事共同商议、共同面对，荣辱与共、风雨同舟。

六年时光很短暂，但我们家校的心要在一起，无论遇到什么样的困难，障碍，我们都要拉着孩子的手一起迈过。因为，"人"字结构表明我们应该相互支撑，家校合作得好，孩子才能站得更稳。

小学一年级是基础的基础。在孩子的教育问题上，学校、家庭要一起多学习，多交流，为孩子一生的发展奠基，为孩子终身的幸福奠基！

北京市海淀区培星小学　李伟

家长要不要陪伴孩子写作业

关于家长要不要陪伴孩子写作业,家长们有两种声音:家长应陪得义无反顾和家长不应该陪孩子。这两种声音不是完全对立的,家长可以针对孩子的不同学习阶段,采取不同的"陪"法:学习适应阶段,应适度指导,及时鼓励;习惯养成阶段,应适时放手,有效陪伴。从"陪"到"不陪",是为了培养孩子的责任意识,进而形成积极的人生态度。

关于陪孩子做作业这个问题，一直是一个社会热点话题——不做作业时，母慈子孝、连搂带抱；一谈作业，鸡飞狗跳，血压升高，不能睡觉，前一秒如漆似胶，后一秒分道扬镳，这是陪孩子做作业时家长的真实写照。

到底该不该每日陪伴孩子写作业，家长们一般有两种声音。

一种家长认为，面对学习的重要环节——写作业，家长应陪得义无反顾，在孩子成长的第一个岔路口上，家长应该做孩子忠实的保护神和尽责的向导。

另一种家长认为，陪孩子写作业不利于孩子良好学习习惯的养成，会使孩子产生依赖感，严重影响孩子自主性和独立性的形成。

这两种声音都有道理，但它们并不是完全对立的，家长可以针对孩子的不同学习阶段，采取不同的"陪"法。因为家长必须认识到今天的"陪"是为了明天可以"不陪"。

一、学习适应阶段——适度指导，及时鼓励

家长们都知道，孩子每日的作业都是根据学校的授课内容布置的，家长通过孩子作业的完成情况，可以了解到孩子当天对于知识的掌握情况。

在孩子刚上学的一段时间里，孩子对学习生活，对"写作业"这个"任务"还比较陌生时，家长应该陪在孩子身边，

给予孩子一些必要的指导，让孩子尽快熟知学习的基本规则和做法，消除孩子在学习生活初期的不良反应。如：建议孩子在写作业之前要完成好以下四件事：

1. 准备好所有学习用品。开始学习前要收拾书桌，准备好所有的学习用具。

2. 提前解决生理需求。要完成喝水、吃东西、上厕所，以免这些小事影响接下来的学习。

3. 保持安静免受干扰。家里要创设安静的学习环境，关闭电视，手机设置成振动等。

4. 准备钟表记录时间。可以引导孩子记录写作业的时间，并让孩子估算自己完成各项作业所需要的大体时间。这样做有利于培养孩子的时间概念。

家长可以关注以下三个方面：

一是要提前规划。在孩子提笔写作业之前，家长还可以引导孩子为自己做一个计划——先复习再动笔，先写什么作业再写什么作业，让孩子从一开始就学习规划自己的学习生活，养成了好习惯，即使课业内容逐渐增多，孩子也能做到有条不紊、游刃有余。

二是要杜绝磨蹭。其实大部分孩子写作业磨蹭、注意力不集中，都是源于在低年级没有养成好的学习和写作业的习惯。很多孩子看似写作业用了很长时间，总是做不完作业，其实不是作业本身多，而是他们一直处于"假忙"的状态。

聊会儿天、看会儿电视、喝口水、上个厕所、削支铅笔……一个小时就这样过去了,可是作业加起来没写到一页。孩子"假忙"非常可怕。因为当拖拉磨蹭一旦形成了习惯,越到高年级就越是难改过来,并且养成终身拖拉的习惯。所以,孩子在小学阶段,就要从写作业等日常小事开始,训练孩子的专注力。

三是要及时鼓励。在孩子学习任务完成之后,家长还要针对孩子做得好的地方,给予及时、积极的评价和鼓励。如,"你这次先复习,再开始写作业,作业做得又快又好","你今天做计算题时非常专心,作业题全对"……要让孩子体验成功,树立自信,同时还要及时指出这次做得好的原因是保持了良好的学习习惯,这样的正面强化会加速孩子良好学习习惯的养成。

"你怎么这么笨!这么慢!""我说了很多遍了你怎么还是记不住,你有脑子吗?"这类话千万不要变成家长的口头禅。要记住:没有孩子天生就会写作业,家长得一步一步慢慢引导,而且要适时激发孩子的学习兴趣。比如,和孩子一起研究某道数学题到底有几种解题方法,和孩子聊聊今天通过写作业又掌握了哪些知识和技能,这些内容是不是能考倒父母,鼓励孩子寻找节约写作业时间的好方法。以欣赏的态度看待孩子在写作业过程中的进步。"你这么努力做作业,真让我感到骄傲!""你今天的字写得真整齐,越来越有进步!"这些激发孩子学习兴趣的话要经常说给孩子听。

二、习惯养成阶段——适时放手，有效陪伴

在孩子基本熟悉了学习生活和作业任务，初步养成正确的学习习惯后，家长首先要学会适时放手。聪明的家长不会做孩子学习的"监工"。因为当一种活动成为被监督完成的任务时，孩子就会产生对这项活动本能的排斥，这种排斥会影响到孩子的学习态度，更会影响孩子自制力的形成。

家长在"放手"之前，要充分肯定孩子已经养成的好习惯，并给予孩子信任——可以向孩子传递，"爸爸妈妈相信，没有人陪在你身边，你的作业也会写得一样好"。让孩子对独立写作业产生自信。家长千万不能草草抽身，让孩子有"爸爸妈妈不再关心自己的学习"的感觉。

其次，父母在陪伴孩子的过程中，还要善于发现，尤其是孩子在写作业过程中暴露出来的问题。如家长发现某些作业确实对孩子来说难度太大，可以和孩子本人，或者和老师进行沟通，看看问题出在哪里。要让孩子感受到，父母是帮助他解决问题的，是可以信任的。

孩子在完成作业方面表现出的问题，都是什么原因造成的呢？从孩子角度进行归因：一般包括行为、能力两个层面，主要归纳为以下六种原因：

1. 条理性比较差。

2. 过度追求完美。

3. 反抗额外作业。

4. 学习态度问题。

5. 学习能力欠缺。

6. 注意力不集中。

只有找准原因，对症下药，才能真正帮助孩子养成良好的做作业和学习习惯。

有的时候孩子身上的一些毛病，也反映出家长在教育方面的一些问题，所以从家长角度看，也要注意以下两点：

第一，要系统规划。孩子的学习习惯不是一天两天培养起来的。作为家长不能"我今天高兴了，就让你玩一玩"，"我今天不高兴了，就把你打一顿、批评一顿"。家长要对孩子的学习保持持久、稳定的态度，形成一套行之有效的规划。慢慢形成习惯之后，孩子就对家长的要求有所体会了。

第二，要尊重孩子。随着孩子年龄的增长，尤其是进入叛逆期或是青春早期的孩子，家长切不可过多地干预。完成作业过程中，自主权还在孩子身上，家长不可能永远盯在旁边。所以一定要尊重孩子的自主性，既要有监督，同时又要给予孩子自由。让孩子有自主性的学习习惯，是对家长的一个挑战。只有结合孩子自身的情况，形成自己的一套做法，才会形成良性监督机制。

在"习惯养成阶段"，家长还要讲究教育智慧，避免唠叨。如果发现孩子的问题，家长不要马上指责，更不要用语言时刻提醒孩子。过多的要求和唠叨会让孩子感觉做作业是一个沉重的负担，进而想逃避。而且孩子毕竟是孩子，不可能时时刻刻都用高度的自觉性要求和约束自己。时间长了，孩子有可能在情绪上和家长对立，更不利于良好学习习惯的养成。

其实，不认真写作业，会出很多的错误；写作业磨蹭，会延长写作业的时间，减少自由支配的时间——这些对孩子的"自然惩罚"，要比家长的指责和唠叨有效得多。

培养孩子养成良好学习习惯的过程中，主要靠从外在和内在两个角度激发孩子的学习动力，而不是单纯靠家长去监督和管教。因为只有激发孩子自己内在的驱动力，孩子才能在不同方面不断地进步。

还需要提示的一个问题就是：孩子逐渐养成习惯后，家长可以干什么？

有的家长为了不影响孩子，会在孩子写作业时，不看电视，不开电脑，找本书，在孩子书房外安静地看，还告诉孩子："你看，你在学习，我也没有在玩。"如果家长真的认为这是一件轻松愉悦的事情，并真心享受这个过程的话，当然可以，但如果你只是做个样子，还是个做为好，而且"你在学习的时候我也没有玩"的话一定不要说。家长应该很自然地，该干什么干什么，不要向孩子强化"你在学习的时候，爸爸妈妈该干什么"。不然家长会发现,一旦某天你看了会儿电视,孩子就会抱怨:"凭什么你能看电视,我得学习?"因为你最初的表现已经让孩子有一个心理误区,就是:写作业不是我一个人的事情,而是全家人共同的任务。

孩子写作业,家长从"陪"到"不陪",是要让孩子知道,学习是他自己的事情,要让孩子学会对自己的事情负责。要从不陪写作业的过程中,培养孩子的责任意识,进而形成积极的人生态度。

北京第一师范学校附属小学　安欣颖

一年级，如何让孩子有个良好的开端

小学一年级是整个学业的开端，良好的开端是成功的一半，因此要在一年级为孩子制造良好的开端。作为家长，可以帮助孩子做好学习准备、交友准备、心理准备；培养孩子的良好习惯，如，作息习惯、整理习惯、学习习惯。家长应了解孩子，用心交流；尊重孩子，选择相信；陪伴孩子，养成习惯；关爱孩子，学会放手；提醒孩子，遵守规则；锻炼孩子，学会运动。从而引导孩子形成良好的习惯，为孩子的终身学习和可持续发展奠基。

小学一年级是小学的起点，也是整个学业的开端，良好的开端是成功的一半。因此，一年级就要为孩子制造良好开端，为后期的学习打下坚实的基础。孩子从幼儿园进入小学，无论是学习、生活等方面都有很大变化。学校教育不同于幼儿园或者托管班，它不是保育，学校教育会对孩子在学习、纪律和行为习惯等方面有相应的要求。而学校提出的各种要求，一方面都是遵循孩子的身心发展规律和教育规律提出的，另一方面这些要求都是为了孩子的健康成长。对于学习、纪律和行为习惯等要求，有的孩子可能一开始还不能很好地适应，或者不理解。为了让孩子能够更好地适应学校，为孩子今后的成长、学习奠定基础，我们家长可以做些什么呢？

一、必要准备

（一）学习准备

学习准备主要包括学习用品的准备、学习环境的准备和听课的准备。

首先，在学习用品的准备上，学习用品的选择最重要的一点就是简单、实用，过于花哨的学习用具容易分散孩子听课的注意力。那么，在一年级需要为孩子准备的学习用品上各个学校或者是不同学科之间会有所区别，但大致主要有铅笔、橡皮、练习本、书皮、尺子、水壶、书包、整理袋等。

其次，在学习环境方面，孩子在校内都有自己的课桌椅。

当孩子在家，需要家长为孩子准备能够安静学习的一块天地，如果孩子有自己独立的书桌更好，如果没有也需要保证孩子在学习时有一个能够学习的地方，并且在学习的这段时间内可以不受打扰。孩子在家开始学习前需要注意的是，孩子应该将自己的这块地方收拾整洁，没有杂物再开始学习。如果条件允许，家长可陪伴孩子一同学习，可以在一旁阅读或者办公，与孩子一起营造良好的学习氛围。

最后，在听课准备方面，家长可以在家陪孩子一起在进入小学前提前进行听课练习。小学一堂课的时长是四十分钟，这与幼儿园不同，比幼儿园时间更长，而且学习的内容也不同，幼儿园以游戏活动为主，但小学以文化知识的学习为主，并对孩子有掌握知识、技能的要求，所以两者之间有很大差异。孩子如果不会听课，没有做好听课的准备，可能会出现上课随意走动、随意说话、坐姿随意等现象，这不仅干扰课堂，还会很大程度上影响孩子的听课效率。因此，在孩子正式进入一年级以前，能够帮助孩子提前进行一定的练习，家长与孩子一起坐下来，模拟一下课堂，会帮助孩子更快地进入听课的状态。

（二）交友准备

一年级的孩子大多还处于以自我为中心的阶段，看待问题仍然是站在自己的角度和立场，片面主观，不能做到换位思考，所以孩子来到学校，与同学相处会更容易与同学出现矛盾。孩子在入学前以及到孩子进入一年级以后，当孩子之间出现矛盾时，成年人应该积极引导孩子，尝试帮助或者是逐渐过渡到让孩子自己去解决他们之间的问题。孩子之间出现矛盾是正常并且也是不可避免的现象，成年人过多的干预或者不恰当的引导，既不利于孩子社会交往水平的提高，也不利于孩子解决问题能力的培养。人是社会性的动物，具有社会属性，孩子如何与人交往，学会在集体中生活，就需要家长从点滴小事开始，正面引导，帮助孩子成长。

（三）心理准备

孩子刚上小学，不仅是孩子需要做好心理准备，家长也需要做好心理准备。

对于孩子来说，第一，孩子要进入新的环境，孩子应该做好角色的转变，从一名需要被照顾的幼儿变成了一名需要自己照顾自己的小学生，在吃饭、喝水、如厕、穿衣等事情上都要自己照顾自己，不能再依赖老师。第二，孩子要对新的学校有憧憬和敬畏，憧憬校园的美好时光，敬畏学校的行为规范，自己对自己要有所要求，不能再随心所欲。在学习上，每门课程有不同的要求和标准；在行为习惯、言谈举止上都有相应的规矩要遵守。第三，孩子要喜欢自己的老师。"亲其师，信其道。"孩子只有相信、喜欢自己的老师，才会相信老师，接受老师的教育。那对于一年级的小朋友，无论是在入学前还是入学后，家长都可以帮助孩子，积极地去引导孩子喜欢上自己的老师。孩子喜欢自己的老师,自然也会喜欢上这门学科,逐渐喜欢上学习。

对于家长来说,做好心理上的准备,一方面就是要明确学校教育对孩子有要求,不再是幼儿园或者是保育阶段,要做好坦然接受孩子在学校遇到知识学习、规则意识、集体生活、人际交往等方面的困难与冲突,做好帮助孩子去解决这些困难的准备。另一方面,要能够做好抽出时间,陪伴孩子的准备。在一年级,正是孩子行为习惯、肌肉发展、规则意识等训练和养成的重要阶段,所以在这个阶段家长的陪伴就显得尤为重要。在这个阶段,孩子不懂或者是难以自主地发展这些能力,所以就需要成年人的关注,需要家长去关注、去发现、去训练,这就需要家长能够抽出时间来陪伴孩子,在一年级这个重要的起点上行动起来。

(四)自立准备

孩子进入小学以后,吃饭、如厕、穿衣、接水等都需要孩子自行解决。因此,在一年级入学以前,可以适当地培养孩子的自理能力。首先,如厕准备。看似小事,但对于孩子来说却是大事,如果处理不好,会让孩子产生羞愧感。一年级会听说孩子把大小便弄在身上的事情,孩子这时会产生孤立无援的感受,还可能会被周围的同学议论,加重孩子的心理负担。如果处理不好,会让孩子对学校产生不安全感。第二,吃饭准备。刚入一年级,可能出现吃饭磨磨蹭蹭,一个中午也吃不完饭，最后哭哭啼啼说没吃饱，或者就是吃饭挑食，爱吃的就多吃，不爱吃的随便吃点就倒了剩下的饭菜等现象。无论是哪一种情况，都对孩子的身体发育没有帮助。所以，在家就可以帮助孩子养成吃饭定时、不任性挑食的好习惯。第三，收纳准备。在上小学前让孩子做一些收纳整理，家长可以从旁协助，让孩子学会收纳整理自己的物品，这样避免孩子来到学校常常因丢东西，或者是找不到自己的物品焦虑。

如果孩子能够在学习、听课、生活等方面有了良好的习惯，也会反过来增加孩子的自信心，让孩子在心理上喜欢学习、愿意上学，满怀信心地去学校。

二、习惯培养

（一）作息习惯

每个学校都有规律的作息时间安排，孩子在学校要养成良好的作息，同时在家也不能忽略对于作息习惯的培养。一方面，要培养孩子早睡早起的好习惯，让孩子有充足的睡眠时间，以保证第二天有良好的精神状态，以饱满的精神投入学习活动当中。在正式进入小学前的暑期，就可以提前对孩子的睡眠习惯进行培养，让孩子到一年级开学时能够尽快适应新的作息。

另一方面，孩子学习时间应该有合理的安排，如果可以，家长可以跟孩子在开学后一周左右根据实际情况，制定孩子每天的作息时间表，安排学习和活动的时间，让孩子在学习的时间只做与学习有关的事情，在活动的时间去完成其他的事情。通过作息时间的安排，让孩子将学习、活动的时间固定下来，加强孩子的时间观念，同时，这也能帮助孩子养成良好的学习习惯，形成规矩。

（二）整理习惯

一是收纳习惯。一年级的学生年纪小、动作慢，自理能力较弱，但在小学需要收纳整理的东西相较于幼儿园来说更多，孩子需要每天收拾自己的各类学习用品以及水杯衣物等生活用品。如果孩子在幼儿园是由家长代劳，在上小学前没有相应的训练，那么他到了小学以后就会缺乏对自己的物品的管理能力，对自己学习用品的收纳能力，总是丢三落四，影响自己听课学习。因此在小学一年级，需要培养孩子的收纳整理能力，让孩子学会分类整理，有序摆放。

二是卫生习惯。一方面是让孩子明白自己的学习环境、生活环境需要爱护。学习环境主要是学习的书桌和书桌周围的地面环境。孩子在学习时，应该先整理书桌桌面，让桌面保持整洁，收起无关用品，再拿出需要用到的学习用品开始学习。孩子学习的地面周围也应该保持干净整洁，让自己在一个干净的环境中学习，保持良好的卫生。生活环境主要涉及的就是孩子的房间。另一方面，是个人卫生习惯的养成。在生活中爱干净的同学，往往让自己的课本、练习本等也能保持整洁，爱护书本，在书写上也会避免出现乱涂乱画的情况。

（三）学习习惯

有了良好的整理习惯，再来看学习习惯的培养。学习习惯主要包括阅读习惯、书写习惯。第一，阅读的习惯。学科知识的学习是小学生活的重要部分，但是校内的知识并不能满足孩子将来的生活需要，好的阅读习惯伴随并影响孩子的一生。读书不仅拓展了孩子的知识面，还可以在不知不觉中培养孩子的理解力、注意力和持久力。第二，书写的习惯。一年级是孩子书写习惯培养的开端，因此在一开始就应该注重孩子良好习惯的培养。首先最重要的就是关注孩子的握笔姿势，握笔姿势直接影响了孩子书写的美观程度、书写速度等。其次，孩子书写时的坐姿，坐姿不正确影响的不仅是写字，甚至会影响孩子的视力和脊椎。最后，在书写时要培养孩子观察的习惯，先观察，再来书写，书写过程中校正自己的笔画位置，写错了擦干净重新书写，书写一定要工整。

不仅是在书写中要培养孩子观察的习惯，观察习惯的培养也是学习习惯培养中很重要的一部分。观察是孩子智力活动的一个重要部分，让孩子学会观察，运用观察这个工具去进行学习，在实际学习中去观察，通过观察认识事物，通过观察去发现和学习知识。例如一年级数学涉及数字的书写，通过观察，能发现原来数字在一个田字格里的书写有很多的奥妙，仅仅是数字是否触碰到田字格的边框线、是否靠近顶点都有很多玄机。所以在学习习惯的培养过程中,要关注孩子观察习惯的培养、观察能力的提升。

三、给家长的一些建议

这里给即将升入一年级或正在一年级上学的孩子家长提几点建议,仅供参考。

一是了解孩子,用心交流。家长要想更全面地了解自己的孩子,就应该做一位愿意花时间的有心人,与孩子交流,与孩子的老师交流,与孩子的同伴交流。首先是与孩子交流,了解孩子内心多姿多彩的想法,了解孩子真实的感受。当然在与孩子交流的过程当中,不仅仅是对于学习、作业等内容的交流,而是了解孩子丰富的生活,同样也应该用包容、多样的眼光去看待自己的孩子,发现他的优点,也接纳他的不足。其次是与孩子的老师交流,家长能够了解到自己不知道的事情。孩子在校园集体中、与同伴交往中的生活与在家是有所区别的,老师与孩子相处时间长,了解情况更具体,能够对孩子做出相对客观的评价。最后,与孩子的同伴交流,能够了解到孩子与同伴的关系如何,能看到孩子在与同伴交往时的各种表现。

二是尊重孩子,选择相信。家长要相信学校、相信老师、相信孩子。首先是相信学校。学校是教育孩子的主阵地,对孩子在学习、品行上都会有相应的要求,而这些要求都是遵循孩子的身心发展规律而提出的,目的是让孩子健康快乐地成长,因此需要家长们信任学校，理解和支持学校，尤其是当有些孩子在一开始还不能很好适应的时候，更需要家长的支持和信任，才能更好地帮助孩子适应学校生活。其次是相信老师。相信老师，才会给予老师尊重。而家长是否信任和尊重老师，孩子是能够感受到的，只有当孩子感受到自己的家长对老师的尊重，感受到老师和家长在同一战线，孩子自己也才会尊重老师。最后是相信孩子。无论是在学习上、生活上还是人际交往中，都应给予孩子足够的信任。对于一年级的孩子来说，家长在他们的这段时期中有不可或缺的作用，但是我们的陪伴不是替孩子去做，我们要做的是给孩子足够的支持与信任，就像脚手架一样，在孩子需要的时候帮助孩子解决在学习、生活和人际交往中遇见的问题，而不是过多地插手干预。

三是陪伴孩子，养成习惯。刚进入一年级的孩子在书写、习惯、思维等方面都没有形成良好的习惯，因此需要家长的陪伴和耐心的帮助，只有这样，才能让孩子养成良好的学习习惯，培养孩子重要的思维品质。只有将基础打扎实，将来才有可能建起高楼。比如，孩子在一年级，观察和有序思维的培养就是习惯养成的重要方面。就汉字的书写来看，一年级一个简单的"口"字在田字格里的占格、位置、大小、书写的笔顺、笔画等都需要孩子仔细观察，才能自己在田字格中正确地仿写出一个写得相对不错的"口"，但是如果没有家长的陪伴，孩子很难自觉做到或者是能观察得全面。再例如一年级的数学中

5的分与合，孩子只有从1开始，逐个进行拆分，才能保证不会遗漏、不会重复，这是有序思维的重要体现，也是数学学习的重要学习品质。"失之毫厘，谬以千里。"在一年级习惯养成的重要阶段有所松懈，会对孩子日后的学习产生重要影响。一年级的孩子自己可能不太懂，所以学习、思维、书写等习惯的培养就依赖于家长的培养，依靠家长去了解、去发现、去训练。等孩子养成了好的习惯，不需要家长的监督孩子也能自觉完成各项任务，到了那个阶段，让孩子认识到学习就是自己的事情，再放手让他独立自主地完成自己的任务。

四是关爱孩子，学会放手。陪伴孩子成长、学习，家长们责无旁贷，但也要给孩子足够的信任，学会放手，让他去做力所能及的事情。著名幼儿教育家蒙台梭利说："有谁会想到给儿童不必要的帮助就是对儿童的压制，而且这种压制将严重影响他今后的生活。"过多介入儿童的生活，也透露出对孩子的不信任，不相信孩子能独立完成某一件事，不信任孩子也有处理事情的能力。孩子背书包、收拾书包、穿衣服等生活中的小事，是孩子能做的事情，但是有的家长事无巨细，都帮孩子做了，这最后的结果往往是孩子越被关注、被照顾，越显得幼稚。作为家长，应该适当放手，不去打消孩子的积极性，让孩子明白无论是生活、学习还是交友，都需要付出努力才会有收获，而不是毫不费力地就能达到目的。

五是提醒孩子，遵守规则。学校有孩子需要遵守的规则，孩子在集体中生活，也应该遵守集体的要求，这与个体生活有很大区别。孩子在入学前可能并不清楚、不明白规则有哪些，这就需要家长重视孩子规则意识的培养，让孩子明白在学校有学校的规矩，集体有集体的要求，让孩子明白自己有自己应该做的事情，并且应该在做这件事情的时间里就把它做好。比如学习方面，上学除特殊情况外，都应该按照学校的作息，按时上学，不迟到；上课铃响，就应该回到座位，准备上课的学具，等待老师开始上课，而不是随心所欲。在品德方面，做错事就应该诚实地承认错误，并积极努力去弥补。在孩子的学习、成长过程当中，以儿童为中心固然重要，孩子快乐成长也不可忽略，但孩子在集体中生活，将来也会在社会中发展，那么他就应该先学会规则，才能更好地适应集体、适应社会。

六是锻炼孩子，学会运动。一年级孩子的学习、生活、交友等是家长们关注的几个重要方面。健康的体魄是孩子快乐成长的必备条件。没有健康，三天两头请假，也谈不上能够在学校里好好学习。一方面，家长要注意培养孩子锻炼的意识，可以带着孩子一起做一些孩子喜欢的运动。在运动中与游戏相结合，这样能提高孩子的兴趣。对于锻炼方式的选择应与孩子商量决定，让孩子参与决策。另一方面，在运动量上，根据孩子的身体特点来决定。运动类型上，不仅开展室内的一些运动，适当的户外运动对孩子的身体健康、免疫力的提升也是有帮助的。

总之，小学一年级是孩子小学学习的起点，也是整个人生学业的开端，良好的开端是成功的一半。这需要家长从一开始就要从孩子的学习、纪律和行为习惯等方面加以引导，形成良好的习惯，为孩子的终身学习和可持续发展奠基。

北京第五实验学校　阮守华

做赋能型家长，共育心理健康的小学生

学校与家庭共同承担着培养健康健壮小学生的任务。而如何共育，作为家长，最重要的就是做一个"赋能型"的引领者，学会接纳，正确看待不完美；认知情绪，做情绪的主人；学会说话，善用期待效应；学会欣赏，不横向比较。只有这样，家长才能与孩子共同成长，家长才能为孩子的健康成长保驾护航。

随着应试教育向素质教育的转变，教育回归到了以人为本的新时代。学校与家庭要共同承担培养健康健壮小学生的任务。而孩子个性千差万别，这不仅需要依靠凸显集体教育的学校教育，更要充分发挥家庭教育形式多样、潜移默化的特点，家庭与学校共育蒙童。

如何共育，我认为家长首要的意识是育人先育己。我很感谢我的两个孩子，因为陪伴，通过孩子的眼光去看世界的时候，我会看到一些很小的细节和不可避免的碰撞，通过这些细节和碰撞，我会看到自己，意识到自己迫切需要学习，需要挑战自己，跳出舒适区。比如，当我们从小没有被父母耐心对待，投射太多的焦虑，就容易对自己的孩子没有耐心，把这种焦虑不安传向孩子，而每个孩子都会延续父母内在匮乏的那个部分，因为父母内在匮乏的那个部分就是他无法给到孩子完整的心理部分，他会自然地这样延续下去，就如孩子会无意识地模仿我，尤其是我身上不完美的地方。所以我意识到真正的亲子教育焦点并不是如何教育孩子，而是育人先育己，作为妈妈需自我学习，让自身先充满养分，才能更好地滋养孩子，让我们的家庭更坚固。

如何共育，作为家长，我认为最重要的就是要做一个"赋能型"的引领者。不去做救火队长，要去引导孩子发现他内在的力量，激发他的品格，帮助他们与他们独特的心理潜能建立联系。展开来说，我认为主要有以下几点。

第一,学会接纳,正确看待不完美。以前,每当听到孩子哭闹,我的本能是焦虑,会赶紧说别哭了,或者转移孩子注意力。但是都不管用。通过学习,我换了一种方式,最主要的是我转变了心理状态,去接纳孩子的情绪。我告诉自己,我家孩子现在这个阶段就是这种特性,接纳了之后,心态平复了许多,我就会去与孩子共同面对不良情绪,不是简单粗暴地行使家长的权力,而是耐心平和地说,"妈妈知道你现在因为什么很难过,如果可以的话,妈妈能不能拥抱一下你",孩子听到后会眼泪汪汪地看着我点点头,我们拥抱之后,她慢慢就会和我沟通,主动自省地说对不起。这种先接纳情绪,再与他人同频道沟通的方式,一直在延续。同时,我也非常欣慰地看到,孩子也是用类似这种模式来与她自己以及与我们相处。人无完人,我们要先接纳自己和孩子的不完美,平复自己的心态,放下焦虑,处理好心情,这样才能用更智慧的方法来处理事情。

第二,认知情绪,做情绪的主人。有时候,孩子不讲道理,我尝试和她沟通,发现她是不知道如何描述她的感受,所以用哭闹等各种方式来表达。这个时候,我意识到,我需要帮助她认知情绪。于是,我送给她一张正面管教感受脸谱,上面有各种各样的词语及对应的表情。比如兴奋、难过、紧张,等等。我告诉她,有情绪我们可以用这些词语说出来,不要去做出来。因为闹情绪,比如现在不高兴,就拉长着脸一声不吭,这样只会僵持甚至恶化事情的发展。假如说出来情绪:"因为你做了什么,让我觉得很委屈,我希望你能以更好的方式来告诉我!"这样平和地说出自己的感受,增加彼此的理解,进而就能够非常愉快而有效地沟通。

我还和孩子分享了"掌心里的大脑"。打开手掌,手掌到手腕这个部分代表脑干,负责生存本能。把大拇指收到掌心,大拇指代表中脑,是非理性的决定。现在将手指合起来,包围住拇指握成一个拳头,接触到手掌的指尖部分代表着前额叶皮层,这是唯一一个能产生理性思考和情绪控制的地方。当遇到焦虑的事情,大脑的情绪开关就被打开,四指张开,大脑盖子会掀起来,这个时候我们只能非理性决定,无法思考。所以,我们需要冷静下来,接纳情绪,慢慢关上盖子,让前额叶皮质重新工作。我与孩子约定,在我们感觉到情绪不对快要发怒的时候,就做出一个暗号,"握紧我们的拳头,保护好我们的大拇指",及时调整自己的情绪,做情绪的主人。

第三,学会说话,善用期待效应。"良言一句三冬暖,恶语伤人六月寒。"语言是有生命的,尤其是夸奖和鼓励对一个孩子的自信心和良好品格的塑造有着至关重要的作用。不仅教师有期待效应,家长的期待效应对孩子的影响其实更大。我们多对孩子说鼓励的话、正能量的话,孩子会感到很快乐,快乐能够给人带来巨大潜力,可以让人完成不可想象的工作。同时,孩子也会反馈给我们正能量的语言。

第四,学会欣赏,不横向比较。正如杨绛先生说的:"无论人生上到哪一层台阶，阶下有人在仰望你，阶上亦有人在俯视你，你抬头自卑，低头自得，唯有平视，才能看见真实的自己。"我引导孩子要纵向评价自己的进步和失误，不去横向比较，我也努力做到不把"别人家的孩子"作为评价自己孩子的标尺。事实上，真正做起来很难。因为我们的眼睛都是向外看的，很容易看到别人，但却常常忽视对自己的认可。正因为如此，我更要引导自己和孩子"向内看自己"，懂得欣赏自己的优势，也能客观看见自己需要成长的地方，这样就不害怕别人比自己优秀，还能懂得欣赏他人。我家孩子，上学期期中考试，她说"数学最后一道题没来得及做"，我问："那你难过吗？"她说："不会，妈妈，我这次考试比之前的小测试进步了一点，只是有一道题来不及做，我的速度提高了。"她说这句话的时候，一下子撞到了我的心，孩子说得对，向内看自己就好。后来我留意到孩子对数学计算更上心了，后期的数学成绩有了很大的进步。

我试着把对孩子的不放心和担忧，换成信任，就像孩子对于父母那份单纯的爱，对于父母的那份百分之百信任，那是我应该向孩子学习的。我应该信任孩子，引导孩子找到她可以做的，不直接告诉孩子应该去做什么。

所以，蒙童养正，家校共育，我理解的是，育人先育己，储备养分，做一个赋能型家长。富养孩子的内在精神，激发孩子的内在力量，与孩子共同成长，我们家长也能成为更好的自己，我们家庭也会更加坚固。同时孩子在学校接受教育，把学校、社会当作演练场,这样学校、社会、家庭多方联动共同培育,为孩子的健康成长保驾护航。

北京小学大兴分校亦庄学校　成燕芝

家校共育视角下的小升初衔接应对策略

小升初是孩子成长的一个关键节点，学生、家长、学校三方通力合作可促使孩子较快地度过适应期和转变期。学校可根据实际情况设计校本化小升初过渡适应方案，在学生入学前进行辅导和培训，以做好小升初入学的各项准备工作，帮助学生尽快地适应初中的学习和生活。家长需要理解这个阶段的孩子身心发展特点，给予孩子支持和合适的引领，让他们做好心理和行动的准备，更快地适应初中学习与生活。

从小学升入初中，学校的环境、教学、管理、人际关系等各方面会发生较大的变化，学生的身心也会发生明显的变化。对孩子而言，这是他们人格塑造的关键期，真正去探索独立生活的开始，是向成人阶段迈进的重要准备时期。小升初是学生成长的重要时期，是很多学生的学业转折点，能否顺利度过此阶段会直接影响到他们未来的学习和生活。而此阶段的孩子尚未成年，心理变化大，很多习惯和能力没有定型，对初中学习缺乏了解和适应，在过渡期需要教师和家长的帮助和引领。下面从升学准备、学习习惯、家校共育三个方面进行探讨。

一、升学准备

小升初是学生从小学升入初中的重要一环，经过了六年的小学生活，学生有了自己的学习习惯和方法，有了自己的交往圈子，对小学管理较为熟悉了，所以面临小升初，学生要做好准备，家长和学校都要共同助力学生做好准备。

一方面是学生的准备。小升初环境的变化容易让学生产生对陌生环境的焦虑、青春期产生的焦躁情绪、对独立生活的迷惘，小学和初中的学科结构以及学习模式都不相同，学习上会产生一些不适应的状态，很多学生会出现上课走神、成绩下降等情况。

首先是学生要做好心理变化的准备，摆正心态。对于小升初发生的变化,学生需要去适应,对于学习成绩的变化要有提前的预期。同时要了解到这个时期正值青春期初期,学生心理上的变化都是很正常的,要学会去正视这些变化,积极寻求家长和老师的帮助。

其次是学生要做好学习习惯变化的准备,及时调整。绝大多数学生在小学时期都能够取得良好的成绩,但是初中的学习内容和方式与小学大不相同,学生适应是需要时间的,在这期间,学生很有可能出现学习方面的问题。如果小学的学习基础不牢固,学习方法不改进,面对一下子增加的科目,会感到无所适从,小学的优越感消失,取而代之的是强烈的无助、焦虑、失落感等。所以学生要提前做好学习习惯的衔接。

最后是独立生活的准备,及早培养。学生在初中会有更多的个人空间,自己可以安排更多的事情,有的学生到了初中开始寄宿,真正地离开父母独立生活。对独立生活的准备不是一蹴而就的,而是要通过逐渐锻炼的。因此,学生要有意识去掌握一些独立生活的技能。

另一方面是家长的准备。家长除了要为孩子准备升入初中所需要的入学材料,了解相应的入学政策外,更需要持续关注孩子的转变。家长和孩子相处的方式随着孩子升入初中会有较大的变化。家长始终是孩子的重要他人,要学会和孩子和谐相处、引领孩子做好入学的心理和行动的准备、培养良好的学习习惯等,让孩子尽快地适应是首要目标,而非不断地和他们提学习成绩等各方面的要求或把教育的责任推给学校。

首先家长需要自我提升。当孩子面临很大挑战时，需要家长帮助指引，父母应该是一个引路人的角色。因此，家长应该先自我提升，不断学习育儿的本领。在小升初时期，当孩子遇到问题时，家长不能把这些问题尽数推到孩子的身上，而要和孩子共同交流、一起学习、一起成长，学会觉察自身的情绪，保持一颗平常心，关注孩子的情绪变化、学习状态、交友情况，而不是控制他们的言行。要学会多倾听和理解，走进孩子的内心世界，创设一个民主的家庭氛围，让孩子在和谐的氛围中成长。

其次是引领孩子做好心理准备。孩子面临升学的挑战，家长应该引领孩子做好升学的心理准备。家长的角色应该是监护人、管理者、引路人，而不是让孩子在迷茫的状态中孤身一人去面对。在暑假即将结束、新学期上学之前要做好孩子的收心准备，激发孩子学习的兴趣，找时间和孩子探讨一下升入初一可能面临哪些变化，让孩子去想象，接纳孩子可能出现的情绪，然后一起讨论有哪些适应的方法，引导他们注意因小升初入学而引发的一些常见的变化；同时，可以陪同孩子找初中学校的师兄师姐了解学校的情况，谈谈他们刚入学时的体验和感受，让他们有个心理预期；也可以陪着孩子去要上学的学校走走看看，特别是学校开放日的时候，可以带着孩子去学校与老师交流，了解学校情况等。当孩子有了心理预期后，内心的安全感会增强，会更积极地期待初中新生活的到来。

最后是引导孩子做好行动的准备。学习习惯的养成对孩子的初中学习至关重要，这项训练在六年级或更早时就应该开始进行，如做作业的规划，根据孩子作业的多少，让孩子思考先做哪科，再做哪科，评估作业的耗时并做好记录。作业完成后让孩子自查，询问孩子初查结果。父母进行复查，告知整体出错数目，不指出具体题目，让孩子自行进行复查，如果检查出来错误及时鼓励，没查出来，让孩子思考现在需要做什么，不能完全由家长代劳。孩子升入初中后独立性会越来越明显，家长不仅要引导孩子学习人际交往的技巧，也要培养孩子独立生活的技能，利用做家务的机会，多让孩子参与实践，在饮食、洗衣、卫生打扫、物品分类收拾、植物养护等日常事务方面，平时在购物、做饭等场景中或家庭会议中多征求孩子的意见，让其做主，为孩子提供锻炼机会，培养他们独立解决问题的能力。

二、学习习惯

"少成若天性，习惯成自然。"学习是一个动态的过程，支撑好的学习结果的一定是良好的学习习惯，培养良好的学习习惯将受益终身，更好地提高学习能力和综合素质。良好的学习习惯就是要让学生从"被老师家长督促着学"的被动状态，转变为"自己学"的主动状态，这样学习效果自然会更好。小学阶段正是学生学习习惯养成的关键时期,所以在小升初的关键时期,教师和家长除了要关注学生知识的掌握情况,更要关注学生学习行为习惯的养成,为之后的学习做好方法和习惯上的准备。

小学课程相对较简单,内容较少较易,升入初中,学科门类多,且难度日趋加深。许多学习内容摆脱了事物的具体形态,更加抽象化,一些内容虽以具体事物为对象,反映的却是一类事物的普遍规律。进入初中孩子学习内容增多,学习时间相对延长,而课外落实的时间相对少了,课外活动的时间也相对减少了。学习负担加重,使中学生不可能还像小学时那样将主要兴趣集中于少数学科的学习。初中课堂教学的趣味性、游戏性和激励性相比起小学有所下降,但却对学生的掌握情况提出了更高的要求,学习的竞争比小学更加激烈。因此,小学和初中的学习方式和学习内容的变化导致了学生在学习模式上有较大的变化。

小升初衔接要做好学习动机、学习习惯、学习能力的衔接。小学生的学习动机一般是比较直接而近期的;而初中学生的学习动机则逐渐向间接、远期的方向转化。初中生的求知欲、兴趣不断增强,并且日益趋向持续而稳定,家长和教师要因势利导帮助他们逐步形成对学习的积极态度。学习习惯包括预习听课、做笔记、做作业等内容,小学重在良好习惯的初步养成;初中则要求学生将学习习惯内化,成为一种自觉行为。

家校共育篇

139

学习能力衔接，即初中学生的表达能力、感知能力、识记能力、思维能力、创新能力与小学阶段相比较处于定型前的快速发展阶段。根据这一特点，教师在课堂上应更重视培养学生的逻辑思维能力和创造思维能力。

这阶段，父母要了解学生的身心发展特点，接纳他们在学业上的差异，关注他们的优势方面并给予肯定，为建立良好的师生关系打下基础。同时，要对初中的学业特点、学习方法、学习目标等方面做必要的解释和说明，帮助学生树立学习的信心，唤起学生对初中学习的兴趣。此外，家长要多元评价孩子，不要将自家的孩子与"别人家的孩子"做比较，让孩子看到自己更多的潜能，相信自己具有能力适应初中学习与生活。六年级孩子的家长要未雨绸缪，提前渗透初中的学习特点，训练初中的学习方式，要为孩子进入初一学习搭建梯子，引导孩子实现小学和初中学习方式的转变，给孩子"爬坡"的方法，警惕孩子产生"断崖式"的想法，从而放弃努力。

许多家长对于考试分数的认知，还停留在小学阶段，成绩一旦低于九十分，就开始怀疑孩子学得不好，甚至怀疑老师。初中的分数所代表的具体意义已经与小学不同了，家长不能只关注到分数，更应关注的是分数的背后，孩子的学习习惯和学习能力需要做哪些提升。对于家长来说，要避免过度焦虑，加强家校沟通，相信老师，不要急于购买教辅资料，避免让孩子进入知识误区。其实，小升初的心理准备、学习习惯的准备等不一定只在六年级才开始，在小学的日常生活中也可以逐渐渗透，养成良好的习惯需要一个循序渐进的积累过程。

三、家校共育

小升初孩子两大主要成长阵地是家庭和学校，家庭和学校应该沟通与合作，实现学生、家长和教师的共同成长。

家校双方首先要正确解读家校共育的理念，即学生的发展离不开家庭和学校双方的付出和努力。家长要改变"教育是学校的责任"的思想观念，认识到家庭教育的优势，承担起应负的教育责任并积极配合学校做好孩子的教育工作；学校要转变家长在教育孩子上水平相对偏低的认识，改变不愿让家长参与学校活动的态度，要给予家长充分的尊重。要让家校共育相辅相成，朝向共同的目标努力，形成积极的互赖关系，在教育学生的过程中发挥各自的优势。在家校共育的过程中，家长可以通过参加学校组织的系列活动，比如初中校园的参观、家长开放日、讲座等活动提升自我的育儿知识与能力，同时增加对孩子的了解，促进亲子关系。家长在家校不断互动的过程中更加全方位地了解孩子，为小升初的教育衔接制订更有针对性的指导方案；学校可以从家长的反馈中采纳合理建议，达成教育共识。

在小升初家校共育的互动中，应该多开发有效的、针对性强的互动方式，充分考虑家庭对孩子教育的不同需求，从而达成家庭和学校的共同成长。此外，学校要充分利用数字化、信息化的特点，通过微信发送小升初衔接的图片、视频和文字等相关资料，让学生及其家长了解学校情况；进入学校还可以充分利用网络平台建立电子成长档案，记录学生的点滴进步。通过网络平台，让家长能够更好地了解到学校的教育理念，为指导学生适应从小学到初中学习习惯和方法提供参考，缓解家长在孩子成长过程中的困惑和焦虑。同时要发挥各级家长委员会的作用，建立家校共同体，提高家校间合作效率，促进家长角色转换。家委会要收集家长对于孩子小升初的顾虑，要将这些顾虑及时反馈学校，学校会针对相应的问题，通过举办讲座、研讨等方式解答家长对于小升初这个关键时期转变的顾虑，提供家庭教育的方法，助力学生顺利过渡。积极的互动方式能够帮助家长有效参与学校活动，促进家校融合。

小升初是孩子成长的一个关键节点，学生、家长、学校三方通力合作可促使孩子较快地度过适应期和转变期。学校可根据实际情况设计校本化小升初过渡适应方案，在学生入学前进行辅导和培训，以做好小升初入学的各项准备工作，帮助学生尽快地适应初中的学习和生活。家长需要理解这个阶段的孩子身心发展特点，给予孩子支持和合适的引领，让他们做好心理和行动的准备，更快地适应初中学习与生活。

北京第五实验学校　阮守华

孩子需要的才是真的好

如何处理好孩子和伙伴的关系是很多家长关注的问题，家长参与到孩子的交友过程中时需要注意，朋友的选择要从孩子的需要入手，性格开朗的要学会分辨，性格内向的要学会敞开心扉，家长也应以身示范，鼓励尝试，抓住机会，做幕后英雄。此外，家长要充分利用好和老师的互动，向老师表达自己的观点，与老师形成良好互动。

如何处理好孩子和伙伴的关系是很多家长关注的问题。有人说，孩子的世界是纯净的，不要过早让他们接触复杂的人际关系，只要自己开心就好，等以后长大了，再教会他们待人处事的方法就可以了。也有人认为，现在工作中都讲究团队合作，所以，一定不能让孩子输在起跑线上，从小就要让自己的孩子在同学中成为核心成员。还有的人认为，孩子的事情都是小事情，由孩子自己去解决就可以，小孩子嘛，打打闹闹也正常，转天就好了，家长不必太过着急……面对这些观点，家长应该怎样判断？又应该如何参与到孩子的交友过程中呢？下面，我们就从不同角度来分析一下：

一、朋友的选择要从孩子的需要入手

作为六年级的学生，即将步入中学，他们不论身体特点还是生理特点，都处在由儿童向少年过渡的阶段，因此，这个年龄段的孩子，更加在意自己在同龄人中的位置和被认可度。但因为自身性格的缘故，他们对于朋友的选择往往会有着不同的表现。作为家长，怎样给孩子提出建议，帮助他们选择朋友，从而拓宽自己的交友圈，为未来步入中学储备心理力量，可以从以下角度进行思考。

（一）性格开朗的要学会分辨

我们所说的性格开朗，通常表现为，待人接物比较热情，愿意和别人交流自己的想法，做事情比较主动，自己的情绪外显出来，就是通常人们所说的：高兴或者不高兴都会写在脸上。

这种性格的孩子，他从来都不缺伙伴。但是，活泼的性格，却容易使得他在做事情的时候，缺少细致的思考，他的兴奋点很多，容易被新鲜事物所吸引，从而表现出做事比较毛躁的特点。这时，在面对朋友的时候，也会更容易受朋友的影响。比如：课间的时候，只顾和朋友玩耍，忘了准备下节课所需要的材料；与朋友结伴去接水的过程又被其他事情吸引，从而忽略了上课铃声……这些看似不起眼的小事，对于孩子良好习惯的养成，碎片化时间的使用是有影响的。未来的初中生活，不论是从学习的科目上，还是知识的复杂程度上，都会比小学阶段有着质的飞跃，如果此时不能合理安排时间，只顾着和朋友互动玩耍，必然会使有限的精力受到影响，而这些影响的直接反应，往往就是成绩的下滑或者经常因为马虎造成失分。

所以，当家长发现自己的孩子成绩有变化，或者试卷中出现的所谓马虎的问题增多，或者更多的时间关注手机微信聊天和与同学通话，这时就要适度调控了。

我们首先需要考虑的就是这个年龄段孩子的心理特点，我们所能选择的方法要更加民主，态度也要更加温和，把自己的角色调整成适合这个年龄段心理需求的"朋友"状态，适度提出要求，或者提出建议，供孩子参考。比如：我们可以在吃饭的过程中，给孩子讲述自己工作过程中的收获和不足，并借助事件的描述，总结出自己的做法并可以听取孩子的意见，给他们创设出一种被尊重的成长的感觉，来建立平等关系；或者，讲述自己曾经的学习经历，从自己入手，讲述对事件的把控方法；还可以借助聊天，了解经常和孩子交往的小朋友的特点，听孩子讲一讲小朋友之间最近最关注的事情是什么，随时掌握孩子的喜好和动态……

在平等关系创设后，可以针对家长观察出的问题，进行细致的分析：如，最近孩子做事情效率是不是降低了？孩子自己有什么办法可以面对这个问题吗？再如：询问孩子，课间互动是怎样安排的呢？当老师统一安排的任务完成后，又做了些什么有意义的事情吗？有什么收获吗？帮助孩子及时跟进自己每天对时间的安排，进而引发他们自己的反思与思考。

这样，在家长的指导下，他们学会思考，也就很自然地能分辨出，哪些朋友是对自己的成长有帮助的，哪些朋友是玩耍时的伙伴。那些对自己的成长体验有消极影响的人，就要随时学会回避，用较合理的理由拒绝交往，坚持自己的选择。

（二）性格内向的要学会敞开心扉

内向的孩子比较安静，喜欢独处，如果不是十分亲近的人，他们都会与其保持距离。做事情会有计划性，不会凭一时冲动做事，生活有规律……

面对这种性格特点的孩子，就需要帮助他们创设交友的机会，并通过朋友间的互动，引导他们敞开心扉，学会与人沟通的技巧，从而在相互交流的过程中获得自信，培养能力。

与性格开朗的孩子恰恰相反，他们的朋友不多，而且因为不善言辞，往往心中有想法也不愿意表露，这就使得他们在和朋友的互动中容易出现矛盾，引发情绪的变化。而且，作为六年级的学生，马上就要离开小学，离开熟悉的环境，这些变化对于一个性格内向的孩子来说，无疑是十分担心甚至无助的。所以，对于这一阶段的性格内向的学生来说，能够在同学中尝试结交新的朋友，能够和朋友有充分的沟通，就显得尤为重要。根据以往的经验，我们建议可以从以下几方面进行帮助，引导孩子敞开心扉，学会交友。

1. 以身示范，鼓励尝试。

作为一名小学生，不论性格怎样，他们都会把家长当作最亲近的人，因此，如果孩子性格内向，家长就要以身示范，教会孩子怎样和陌生人打招呼；怎样在陌生的环境中解决问题，从而帮助他们打开社交圈，学会交友。

如：共同去一个新的地点，可以鼓励孩子自己去问路；到餐厅点餐时，可以让孩子和服务员联系，点菜；假期准备出行的时候，可以听取孩子的建议，并陪伴孩子，由他们依据此行的目标，设计出行方式，安排出行路线；看到新的小朋友，鼓励他们主动走上前，表达自己的友好……而为了更好地帮助孩子提高社交能力，建议家长以身示范，然后和孩子共同交流此次经历的感受，帮助孩子树立自信，学会交友。

2. 抓住机会，做幕后英雄。

很多内向的孩子，性格偏静，不够热情，但他们也希望被肯定，只是勇气不足，或者不愿意表达，从而错失很多他们也希望得到的机会。因此，这时就需要家长做好桥梁，帮助他们抓住展示的机会，从而在获得成功体验的同时，在同学间崭露头角，让更多的同学看到他们的优点，进而了解他们，愿意和他们成为朋友。具体做法如：及时关注班级群内的消息，如果有需要展示的机会，老师在征集名单的时候，家长一定要及时和孩子交流，共同商讨适合自己的展示机会，并进行充分准备，从而赢得被同学理解接纳的机会；另外，可以经常利用接送孩子的机会，多和同班的学生家长交朋友，分享小朋友活动的消息，并在第一时间和孩子交流后引导孩子抓住机会，鼓励参与，帮助孩子准备需要展示的物品，争取获得成功的体验。

也许有的家长认为，孩子的事情就要由孩子自己完成，不能由家长代替，但家长一定不能忽视，此时孩子的心中，最需要的是同伴的认可，家长在背后帮助他，就可以使他在公众场合获得展示的机会，增加让同学了解他的机会。而周围的同学，看到他如此优秀，一定会心生羡慕，因此，会尽快选择和他成为朋友，而他，也在这种能力展示的过程中，获得了被认可的满足感。

二、充分利用好和老师的互动

（一）怎样和老师表达观点

学期初，利用学校每学期调换座位的时机，提前和老师进行沟通，表达自己为孩子选择或者规避朋友的想法，寻求老师的帮助，从位置的安排上，给孩子创设一个良好的交友环境。当然，这种互动，要建立在老师能够接受的范围的基础上，掌握好交流的节奏，如：可以先由询问孩子近况或者阶段性情况入手，通过老师的评价，了解孩子在学校的表现，并结合自己在家观察到的情况和老师的评价进行比对，从而判断出孩子最真实的表现。此时切忌过早表示出自己的判断与想法，应该以先倾听老师的观点为主，当和老师充分交流后，再适度表达自己的观点和想法，获得老师的认可与支持，从而达到帮助孩子创设良好交流活动环境的目的。

（二）怎样和老师形成良好互动

虽然我们自己都有着对于孩子培养方向的选择，但孩子就像小树一样，在成长的过程中，也会出现生长过盛的现象，这样，就需要我们及时进行纠正，帮助他们继续茁壮成长。因此，就要通过和老师的交流，及时掌握孩子在学校的表现，便于及时发现问题。

而孩子在学校的情况，老师是最有发言权的，他们每天和孩子共处的时间最长，能看到的信息量也很大，但老师每天需要面对的孩子也很多，不一定能够准确记住每个孩子的情况，所以，作为家长，就需要阶段性和老师进行交流，掌握孩子在学校和朋友相处的情况。随时了解自己在家进行的教育有没有被孩子所接受，有没有转变成孩子日常交友的方法。

  因此，在和老师进行交流时，除了要考虑倾听的态度外，还要掌控交流的频次和时机。不要事无巨细频繁打扰，也不能过度自信拒绝沟通。可以在对自己孩子有了一定的观察和思考后，再去咨询老师孩子在学校的反应，寻求老师的支持与帮助。这个交流频次，可以把握在问题集中时一周一次。问题进展顺利时一个月一次或者两个月一次。同时，向老师阐述自己实施的方法，听取老师的建议。表达时，把握的节奏可以是：首先听取老师对孩子的评价，随后表达对老师辛苦付出的感谢之情，接着阐述自己发现的问题或者在家对孩子实施的教育方法，寻求老师的评价，紧接着，提出自己的需求，咨询老师的意见，在得到认可后，再次表示感谢。这种节奏，既表达了对老师的尊重，又阐述了自己的想法，获得老师的认可，这样的交流才是真正能够帮助到孩子的交流。

    北京市第五中学分校附属方家胡同小学 李亿

亲子关系篇

不是赢了孩子，而要赢得孩子

赢得孩子，重在用情。家长首先要有好的情感，才能和孩子发展好的感情。孩子真正需要的不是虎爸虎妈的雷霆手段，也不是慈父慈母的无限宠溺。稳定、真挚的情感输出，才能让孩子获得持续而纯净的心流，发自内心地尊重、信赖自己的父母，才能让孩子自然地和亲朋好友交心，乐观、积极地面对生活中的困难，释放温柔和坚定的力量，逐渐睿智、宽和。

现象	解决孩子的教育问题以立场、对错出发，语言、行为缺乏教育性，亲子关系紧张，歇斯底里，针锋相对，用力过猛，孩子过早出现抗拒情绪
分析	教育不仅要"入耳"，更要"走心"。没有走进孩子内心的教育都是无效的，太过强势的"一言堂"让孩子形成阻抗，口服心不服，埋下了孩子叛逆的种子
对策	赢得孩子是一切家庭教育的基础，情绪稳定是最贵的教育。结合教育学、心理学理论和真实案例，多从关注"人"的角度思考教育问题，放下焦虑和"揠苗助长"。孩子在学校空间内"亲其师，信其道"，家庭教育也是一样，孩子亲其父母，才信其教

每个孩子都是独特而独立的小生命，不是任人摆弄的布偶，也不是有待驯化的小兽。相互尊重是人际交往的基础，家庭中的相处也不例外。

望子成龙的虎妈，不甘人后的奶爸……外人看来是用力过猛，自己觉得精神崩溃，孩子更是叫苦连天，好好的家庭教育，怎么在孩子进入小学以后，就变了味，少了温情，多了冷冰；少了母子情深，多了针锋相对；少了父慈子孝，多了剑拔弩张？问题出在哪里，还得从我们身上找原因。

一、赢了孩子，输了感情

坐下来细想：身为父母，我们是否有些急功近利、好胜心切？不光要自己的孩子出色，赢过他们的小伙伴，我们更要赢了孩子，享受所谓的"说一不二"话语权，甚至有点享受做虎爸虎妈的感觉？

如果是这样，那我们渴望的亲子关系似乎正在被我们亲手摧毁。教育绝对不是为了自我感动，或是让我们的孩子感到耻辱和痛苦，更不该出于发泄不满或表达不甘。如果教育不是为了给孩子提供他们需要的帮助和指导，那么"教育"二字其中的"教""育"的意义所剩几何呢？让我们保持思考，来看这样一个故事。

乐乐妈是个标准的学霸，从小优秀到大，一直是"别人家的孩子"，名校光环加身，工作能力突出，一路披荆斩棘，从"小镇做题家"逐渐化身为在北京站稳脚跟的都市丽人。后来乐乐妈带着满满的期待，将多年打拼积攒下来的家底换成了给乐乐的学区房，带着无尽的期许，眼含热泪，将小乐乐送进了小学的校门。

故事的前半段很励志，让人感动，但初入一年级的乐乐却和妈妈有些不同，让这个故事多了意外和转折。

面对简单的数学计算，小乐乐在题目前捶胸顿足，涕泗横流，直呼"太难了，一点也不简单！"乐乐妈无奈道："这么简单，为什么你就是不会呢？"

古诗背诵是全家的灾难。前一晚全家上下总动员，陪乐乐"挑灯夜读"，力保明早学校抽查万无一失，但第二天这首古诗却变成了乐乐"最熟悉的陌生人"，在乐乐的小脑瓜里消逝得无影无踪。乐乐妈崩溃喊道："我不是教过你了吗？为什么老师说你一点都不会呢？"

英语听力练习开始了，乐乐懵懵懂懂，抓耳挠腮。"本次听力测试到此结束"的话音已落,乐乐才开始"自由发挥"。乐乐妈欲哭无泪,怒吼道:"我真不知道你在听什么!英语启蒙给你花了不知道多少钱!"

忘带水杯、掰断铅笔、晚上睡不着、课上睡得香、不记作业、错字连篇……老师们经常在学校门口听到乐乐妈的大声训斥,乐乐的名字也被越来越多的同学和家长熟知……乐乐和乐乐妈妈似乎成了学业上的"困难户"。

初入校园的小迷糊让精明强干的妈妈内心充满了挫败感,明明用心教育了,明明已经很严厉地批评了,但老毛病看不到改变,新问题又层出不穷,甚至都对乐乐动手了,效果还是甚微。

不仅如此,乐乐的学习成绩让学霸妈妈大跌眼镜,他在行为习惯方面也按下葫芦浮起瓢,小毛病多到管不过来。

自乐乐进入小学后,之前神采奕奕的乐乐妈几乎要抑郁,工作和生活上情况大相径庭,在职场上,她如鱼得水,风生水起,在家里,面对的总是一地鸡毛,这让她心理落差极大,辅导作业成了每天最头疼的项目,原本亲爱的儿子和她也不再亲近了。

痛苦的不仅是妈妈,小家伙也苦恼。明明很努力了,但是妈妈还是对他大呼小叫,怎么都不满意,妈妈是不是不爱我?乐乐在家里总是被打压,在学校的生活和内心感受又是怎样的呢?内心敏感,常掉眼泪,想交朋友,却总是伤害到同

亲子关系篇 155

学，人际关系和同学评价都不好。

老师关注到了乐乐，循循善诱下，乐乐和老师说了很多心里话："妈妈说教我要累死她了，都不想管我了。老师我犯错了，可以不要告诉我妈妈吗？不然她又要打我。我妈妈特别暴躁，她总是摔东西……"童言无忌，乐乐的话匣子一下被打开了，滔滔不绝，和平时低迷的他判若两人。

孩子需要一个说心里话的人啊！父亲缺位，母亲强势，家庭教育没有教会孩子尊重和理解。打压式的教育和揠苗助长式的辅导让只有七岁的乐乐不堪重负，这也是他各方面问题较多的根源。

亲子关系对孩子性格会有巨大的影响，良性的家庭互动会让孩子自信而坚定，善于听取他人的建议并积极改正，但父母过于强势，孩子往往无所适从，在内心形成阻抗，在没有足够情感支持和情感出口的情况下，孩子心中的压力、怨气、委屈便不自觉地在爸爸妈妈看不到的地方释放出来，转化为让人头疼的习惯问题和学业困难。这样的教育如不及时纠偏，孩子身上的小毛病便会变成无药可救的顽疾。

父母总有许多美好的期待，想给孩子最好的未来，但当教养孩子不仅是吃喝拉撒，需要将关注放在思维的成长、习惯的养成、人格的塑造等话题上，教育就变成一个复杂的课题，需要因地制宜，因材施教。

我们将小朋友放在我们的对立面，在语言上和态度上给孩子"降维打击"，质问、打压、贬损，甚至是打骂的时候，我们确实在声势、立场上、观点上、语言上赢了孩子，但是不是也在情感上输了孩子呢？

乐乐和乐乐妈的问题不是个例。好的家庭教育宛如春雨，随风潜入夜，最是暖人心。不当的家庭教育，宛如雷暴和台风，风卷残云之后，孩子只留下了透心凉。

教育本应润物无声，声势浩大、耳提面命式的教育总是收效甚微，甚至将我们亲爱的孩子越推越远。教育的立场和方式不对，就一定会偏航。

我们和孩子是同路人，孩子的问题，是我们和孩子共同的问题，不要指责和抱怨，让我们握紧孩子的手，和他们一起直面未来。

二、赢得孩子，重在用情

乐乐妈几次向班主任和学校求助：究竟该怎么做才能做好妈，带好娃。确实，赢了孩子，却输了感情，得不偿失，想让孩子和我们变成"自己人"需要智慧。

孩子渴望得到的是快乐，越位且不被孩子理解的好胜心将我们的孩子越推越远。因为解决孩子的教育问题以立场、对错出发，教育的语言和行为必然缺乏教育性，和孩子相处时便会歇斯底里，针锋相对，用力过猛，使亲子关系紧张，让孩子过早出现抗拒情绪，甚至是叛逆。

教育的出发点总是好的，教学法上有这样一句话：教无定法，却贵在得法。一个好的教育立场可以自然地牵引出一系列好的教育方法，让孩子获得安全感和轻松感，在和孩子友好的对话的过程中，让教育自然地生发。那怎么放下好胜心，由"赢了"孩子，升华到"赢得"孩子呢？

1.宽容，给孩子成长的机会。小朋友犯错是很正常的，情绪稳定是最可贵的教育，当火冒三丈的时候，试试将口不择言的斥责换成"你有什么好办法解决吗？""你这样做好像不太合适"，让孩子知道错误是可以被谅解的，眼前的问题他需要负责。

我们将关注点从事件本身，放到孩子的成长上，引导孩子主动承担责任并改正，那么错误也会变成成长的试验田。

2.共情，给孩子情感支持。好的教育需要走心。当孩子遇到困难，是一边数落他，一边收拾残局，替人受过，还是少用力，多动情，多鼓励孩子呢？答案不言而喻。

孩子遇到困难，出错、失败都是正常的，父母的首要责任不是帮着解决难题，做"事"的妈，重要的是共情，让孩子知道他有强大的情感后盾。关心他的情况，感受他的着急，理解他的懊恼，"我知道你现在一定很生气，但是发脾气好像对事情没有好处，你需要什么帮助呢？"抱抱孩子，给孩子情感的支持和方法的启示，让孩子放下急躁，不带着情绪解决问题，逐渐拥有成长型思维。

3. 尊重，给孩子话语权。没有走进孩子内心的教育都是无效的。太过强势，总会让孩子口服，心不服，形成阻抗，在孩子心里埋下叛逆的种子。

生活中的小事不妨让孩子拿主意，给孩子表达的机会。"咱们去哪家超市买菜呢？左边这家实惠，右边这家新鲜，你来帮妈妈做决定吧！"这样既培养了有主见的孩子，我们也多了一个生活小顾问。

不给孩子试炼的机会，总带着挑剔和指责，孩子怎么敢表达？怎么能学会表达呢？小鸟需要试飞，才能获得有力的翅膀，不给孩子成长的天空，却想让孩子一步登天、出类拔萃，谈何容易！

4. 肯定，给孩子以自信。好孩子都是夸出来的。夸努力、夸品质、夸过程、夸进步，只要是能自圆其说、有教育意义的夸赞，不要吝啬，多给孩子一些，"你今天认真弹琴的样子简直太优雅了，我忍不住给你拍了张靓照。""你写的字真工整，比我小时候强多了。""你知错就改，真是个懂道理的孩子。"让小家伙知道爸爸妈妈是关注他的、爱他的，不会苛求他。让乐观和自信成为孩子性格的底色。

5. 示弱，激发孩子的责任感。经常看到放学后，家长一把接过孩子的书包。让人感动，但不值得提倡。家长应该是孩子的后盾，支持他去经历风雨，而非一把保护伞。

回头看看身边，是不是也会发现家长大包大揽，孩子反而会积懒成笨，养成事不关己的姿态？想让孩子优秀，就要学着示弱，把发光露脸和灰头土脸的机会都交给孩子。"妈妈有些不舒服，你能帮我给爸爸打个电话让他早点回来吗？""妈妈忙不过来，你能帮忙剥蒜吗？"向孩子求助也是一种智慧的教育方式，让孩子在做中学，学中做，他才会眼明心亮，体贴、懂事。

赢得孩子，重在用情。家长首先要有好的情感，才能和孩子发展好的感情。孩子真正需要的不是虎爸虎妈的雷霆手段，也不是慈父慈母的无限宠溺。稳定、真挚的情感输出，才能让我们的孩子获得持续而纯净的心流，发自内心地尊重、信赖自己的父母，才能让孩子自然地和亲朋好友交心，乐观、积极地面对生活中的困难，释放温柔和坚定的力量，逐渐睿智、宽和。

每颗星球都是独特的，孩子也不例外。谁说只有先发制人，没有一鸣惊人和厚积薄发呢？爸爸妈妈不要焦虑，更不要"揠苗助长"。有人愿意成为参天大树，这很好。但路边的野花也不错，不是吗？孩子不是爸爸妈妈的复制品，更不是附属品。爸爸妈妈走心、用心，孩子才愿意和你们交心。有言道："亲其师，信其道。"家庭教育是不是也一样呢？爸爸妈妈是孩子的第一任老师，亲父母，才信其教。毕竟，赢得孩子才是一切教育的前提呀！

北京市海淀区玉泉小学　杨玉莹

没有长不大的孩子，只有"没断奶"的爸妈

社会上出现越来越多"幼儿式"的父母，父母与孩子出现角色颠倒的现象，"长不大"的父母已经成为一种社会问题。父母应该在心理上成熟起来，在心态上接受自己已经为人父母的事实，通过精神"断奶"，成为孩子背后强大的力量。也应该给孩子成长的空间，在家庭中当好自己的班，不越位，不缺位，扮演好自己的角色，才能教出好孩子，家庭才有未来。

亲子关系篇

一、角色扮演还是角色颠倒

社会上出现越来越多"幼儿式"的父母,是因为孩子喜欢角色扮演,还是父母沉迷于角色颠倒呢?

过家家是孩子们很喜欢的一种游戏,小朋友有模有样地扮演着大人,憧憬着未来的生活,模仿着爸爸妈妈的样子……

孩子转眼就长大了,不再喜欢过家家,但很多爸爸妈妈的成长速度似乎没有跟上,沉迷于角色扮演的游戏不能自拔,甚至在家庭中扮演起了孩子的角色。

社会年龄是可见的,但心理年龄不是。许多人其实还没有在心理层面接受自己已经为人父母,更没有意识到社会和孩子赋予他们的职责。

著名的儿童心理学家约翰·鲍比曾提出"亲子角色颠倒"的概念,即父母和孩子在家庭中的角色颠倒。孩子向父母撒娇合乎情理,父母自然地满足孩子的撒娇需求,但当亲子关系中的角色发生颠倒,孩子被迫承担起满足父母需求的责任,被迫学会察言观色和揣摩人心似乎不正常。

一位母亲每每做好饭菜便双手托腮,等待着家人的感谢和夸奖,尤其是孩子,如果没有一边大口快吃,一边连声夸赞,表达感激,母亲就会心生不悦,甚至是,满心委屈,流下泪来。

父亲工作上遇到困难，愁容满面，孩子如果没有第一时间察觉并主动上前关心、安慰，父亲便大为不快，生闷气、发脾气，仿佛一切不顺利的根源在于孩子。

这样的例子不胜枚举，有些父母放大了自己的情感需求，在家庭中肆无忌惮地向孩子撒娇，跟孩子耍赖，扮演起索要爱、榨取爱的角色，仿佛自己是一个青春期的孩子。

更可怕的是，这类父母非但没有察觉自己的焦虑型依恋是对孩子的压迫和控制，反而还认为这样融为一体、无话不谈的亲子关系有待赞扬，甚至认为自己和孩子像朋友一样，相当称职，是新时代父母的典范。

如何做称职的父母暂且不谈，一个人社会年龄和心理年龄相差过大，本身就是有待密切关注的社会问题，可怕的是很多人身处怪圈，却丝毫没有察觉。

我们在三口之家中扮演着怎样的角色呢？

二、"啃小"比"啃老"更可怕

胁迫孩子过分懂事真的好吗？加藤谛三在《长不大的父母：如何终止家庭创伤》一书中提到，小时候没有被爱过的人，即便长大成人，在为人父母后身上仍旧会留着想要仟忤撒娇、为所欲为的欲望，还是会幻想让地球围着自己转，受到瞩目，得到照顾，这样的人想法幼稚，情感需求极大，本质上仍旧是想要靠撒娇达到目的，又缺乏责任感的孩子。

父爱无私，母爱伟大，但施恩图报、情感控制、隐形虐待等刺耳，甚至残忍血腥的词，居然因为父母不成熟，扭曲为畸形的父爱和母爱，像枷锁一样施加在孩子身上，并随着孩子的成长变本加厉。

每个人都是长辈眼里的孩子，但当社会秩序无法满足成年人"幼儿式"的愿望，就将自己的欲望任性地投射到亲子关系中，在情感上剥削孩子，这样的心安理得处处显露着不道德和不正常。

"啃小"却不自知的父母，在面对与自己权利、力量、地位不对等的孩子时，更容易显现出依赖、强迫、操纵、隐形虐待、施恩图报、假性互惠等行为，他们和孩子的关系表面融洽，实则充满精神控制。

加藤谛三还提出，"长不大的父母"已经成为社会问题。如近年来社会热议的"毒父""毒母""啃小族"等，他们不仅让孩子丧失了童年的快乐，还会给孩子的底层人格留下阴影，影响孩子的一生。不仅如此，不良的相处模式和隐形的家庭暴力还会代代相传。

我们对"啃老族"深恶痛绝，但对"啃小"的行为却置若罔闻，是麻木，是默许，还是习以为常呢？细想之后，不禁心惊。如何成为更好的大人，如何成为更好的父母需要保持警惕。

《长不大的父母：如何终止家庭创伤》是一本可以帮助许

多父母"断奶"的诊疗手册,加藤谛三用丰富而真实的案例,深入分析了父母"长不大"的原因和心理,并提供了终结这一恶性循环的有效建议,还有《真希望我父母读过这本书》等著作都推荐各位新手爸妈读读,让我们早日在心理上成熟起来,在心态上接受自己已经为人父母的事实,和孩子进行正向的情感沟通,将温暖的家庭和快乐的童年还给孩子。

三、究竟是谁长不大呢?

"幼儿式"的父母,有的喜欢对孩子撒娇,有的喜欢拿孩子撒气,将小家伙当作出气筒,有的喜欢将孩子当作附属品,自己不愿意长大,孩子也不可以……为母则刚,为父则强。既然知道角色不可颠倒,那现在是时候来一场精神"断奶",成为孩子背后强大的力量了。

(一)可怜的受气包和易燃易爆炸火药桶

记得一次在学校加班,晚上快十点了从学校出来,本想加快脚步赶回家里,却被校门口的一幕勾住了脚步……

寒冬腊月,年轻的母亲一只手用力扯着小朋友的衣领,另一只手熟练地一本本地从孩子的书包里拿出书来,再用力扔到远处,并大声叫喊着:"为了你我每天都要累死了,别人家的孩子怎么就那么省心,你不想学就别学了。"小男孩低头垂泪,驯服地听着妈妈在工作中的辛苦、老板的刁难、她的起早贪黑,她的牺牲……

怒吼声、摔书声声声入耳，年轻的妈妈在前面大步快走，留下小男孩狼狈又熟练地捡着刚刚遭遇了"飞来横祸"的书本，之后默默追在妈妈身后……

校门口很快恢复了安静，隐约还能听到刚才那位妈妈的叫骂声。幼子何辜？要接受母亲的火暴脾气，还要戴着不懂事和不听话的帽子，被迫成为被打击、咒骂的对象。

在自我牺牲式的育儿中，父母往往放大自己养育孩子的代价，将工作、生活中的辛苦和不如意都归结于孩子，将经济压力、精神内耗都转嫁给孩子，对孩子进行情感绑架。

面对咄咄逼人、宛如火药桶一般的父母，可怜的孩子仿佛不在生活上、行为上服从，就是大逆不道。

父母的情绪不稳定，孩子内心便会种下仇恨、恐惧、抑郁和暴躁的种子。收好暴脾气，不做火药桶，关注孩子的心流，不让"踢猫效应"找上门。

（二）神奇宝贝和饲养员——孩子？宠物？玩物？

孩子是家庭的未来，祖国的花朵，民族的希望，但首先是有独立人格的个体，不是供人取乐的宠物，更不是可以随意摆弄的玩物。

孩子进入小学后各方面都成长得很快，但有些家长朋友还停留在"幼儿园小朋友家长"阶段，过多关注孩子的吃穿。总忍不住私信班主任"提醒我们孩子喝水啊！""上操提醒孩子穿衣服啊"……打心底里似乎不愿意相信，更不愿意接受孩子已经长大的事实，还不明白孩子已经开始接受义务教育，开始了社会化的过程，以对孩子关怀备至的"慈母"的形象出现，却做着阻碍孩子自主成长的事情，关注细碎的生活远多于孩子各项能力的发展和孩子的收获感、成就感、责任感。

如果想让孩子一事无成，就代替他经历一切。不少父母将自己的孩子当作是口袋中的神奇宝贝，而自己化身为饲养员，剥夺孩子的勇气，将孩子的怯懦和"社恐"转化为自己的存在感，陷入新式"溺爱"怪圈。

究其原因，这些爸妈是没有区分家庭和学校教育的主要任务和责任，过分焦虑，总觉得孩子还没有长大，习惯了杞人忧天。混淆了公立学校和培训机构、学前教育机构的属性，希望学校配合家庭。

（三）画地为牢还是紧跟脚步？

做家里的火药桶、炸药包，伤人伤己；做孩子的驯兽师、饲养员，一次性集齐"事妈""妈宝"。"幼儿式"父母不仅经常情感剥削，更喜欢画地为牢。

爱子之深，则为之计深远。孩子在成长，父母也需要进步，不能觉得我快乐，孩子就满足，而忘了只有在家庭中当好自己的班，不越位，不缺位，扮演好自己在家庭中的角色，才能教出好孩子，家庭才有未来。

引用龙应台先生《目送》中的一句话：每位家长都要目

送孩子走向远方，每一个困难对孩子都是一次成长。

成长总是伴随着阵痛，也总能带来更广阔的天空。狠不下心的父母，孩子便也会怯懦胆小；不思进取的父母，孩子便也不会出类拔萃。孩子不会永远待在我们身边，他们终将远去，经营自己的灿烂人生。

为人父母，我们是该在背后默默地推上一把，带着热望送其远去，还是故步自封又自以为是地挡住孩子的去路，绑住他们高飞的翅膀呢？

北京市海淀区玉泉小学　杨玉莹

溺爱孩子的十大陷阱

溺爱孩子有两种类型：放纵型溺爱和包办型溺爱。不少父母打着尊重的旗号溺爱孩子，但忘了爱子则应为之计深远。父母应以孩子的成长需要为原点释放爱、表达爱，给予孩子成长的力量，理性对待孩子的要求，避免掉入溺爱的陷阱。溺爱的本质是父母的无能和不作为。教育孩子，让孩子有道德感，学会如何做人是每位家长不可推卸的责任，孩子是自己的，亲手播下溺爱的种子，就会在未来遇见无情的逆子。

亲子关系篇

身边很多朋友都自诩是严慈相济的新时代父母,不纵容、不偏爱、不焦虑、公正通透、尊重孩子,殊不知早已掉入溺爱孩子的陷阱却不自知,包办代替、过度保护、包庇袒护、以孩子为中心……

溺爱孩子的后果令人难以想象。令人窒息、无孔不入的母爱,给孩子带来的究竟是快乐的成长还是满心的创伤?先来看看这两个类型的溺爱。

放纵型溺爱:"不让他吃零食我实在狠不下心,上学了以后老师会管吧?"这样的父母会不计代价地满足孩子的一切需求,不仅心甘情愿地听从孩子的指挥,甚至还会充当孩子的臂膀和爪牙,帮助孩子调教"不听话"的家人。在放纵中成长的孩子心中只有自己,习惯了肆意妄为,便不会在意道德伦理和法律规范,容易和家人、同伴敌对,很难融入社会。这样的孩子看似强大,实则自卑,看似任性,实则迷茫。

案例:小优是已经毕业多年的孩子,小学的时候成绩和行为习惯都不是很好,小优妈妈不以为意,推崇快乐教育,总说孩子还小,长大就懂事了。后来小优没能考上大学,几经碰壁,找到一份昼夜颠倒的工作,还沾染了抽烟、喝酒的陋习,因迟到、旷工严重丢了工作后,索性就回家靠母亲的退休金生活,心安理得地做起了"啃老族"。孩子就像是小树苗,没有修剪,很难长得直溜,少年儿童没有父母的管教,难以成才。时至今日,小优的母亲虽悔不当初,但木已成舟,回天无力。

包办型溺爱："他才七岁，不懂事，我来帮他做吧！"包办型的父母恨不得指挥，甚至是代替孩子做一切事情，将孩子当作自己的复制品。殊不知人类自出生后便开始了自我探索的旅程，如果父母鼓励孩子自主发现，孩子就会逐渐形成自己的独立思想，而包办型溺爱的父母总是忽略孩子独立的人格和成长的规律，根据自己的偏好和意图塑造孩子，剥夺孩子年幼时犯错和改错的机会。这样的孩子长大后，当父母很难满足他考试、工作、恋爱等体验人生的需要，就会变得不知所措，他们迷失自我，精神空虚，他们看似听话，却时刻准备着离经叛道。

案例：笑笑从不参与任何家务，进入小学后，总想端着餐盘请班主任老师喂她吃午饭；冬天去操场上体育课，她不会拉外套的拉链，直到班里的"护花使者"出现，才匆忙穿好衣服去上课；作业不会写，便大发雷霆，直到妈妈同意代笔才心满意足……笑笑妈妈经常挂在嘴边的一句话是："我和她爸爸要她太晚，她是全家的宝。"表面上，笑笑被照顾得很好，老师和同学对她也很关照，但笑笑却经常对父母发脾气，大哭、大叫、歇斯底里都是家常便饭，无奈的笑笑妈妈只得经常向班主任老师求助。笑笑在典型的包办型溺爱环境中长大，能力相较同龄人弱了很多，行动跟不上，指令听不懂，作业写不出，朋友交不到……一系列的社交问题、学业问题、校园生活适应问题接踵而至。笑笑虽然只有七岁，但前所未有且逐渐加重

亲子关系篇

的危机感扑面而来，心态崩溃在情理之中。

养育孩子是一个不可重来的过程，孩子性格的塑造也是不可逆的，不少父母打着尊重的旗号溺爱孩子，但却忘了爱子则应为之计深远。父母慈爱无可厚非，但现实不会娇惯任何人，孩子在家受到的宠爱有多少，在社会受到的毒打就有多少。家庭内外的落差有多大，孩子的内心就有多痛苦。

父母应该尊重孩子的自主探索，以孩子成长的需要为原点释放爱、表达爱，给予孩子成长的力量。即便对孩子的爱再深，也应理性对待孩子的要求，避免掉入溺爱的陷阱。

下面分别分享溺爱孩子的十大陷阱、十大表现、十大后果和十大对策，希望能对您和您的孩子有所帮助。

陷阱一：给孩子特殊的待遇

表现：特殊待遇包括在家里只给孩子办隆重的生日会、给孩子住最好的房间、买贵重的礼物、吃最精致的餐食、将遥控器永久地交给孩子、给孩子吃独食、开小灶。简而言之：孩子总是有特权的。

后果：久而久之，孩子会变得目中无人、自私自利，不仅颐指气使，目无长辈，更不懂感恩，产生自己在任何场合都是特殊的错觉，要求同龄人迁就，觉得自己高人一等。

对策：一视同仁，让孩子知道，每个人都是平等的，只有合理的要求才有可能会被满足。

陷阱二：给孩子过度的关注

表现：当孩子说话的时候，大人立马放下手头的工作，专心听孩子表达，将孩子视作家庭的中心。全家人围着孩子转，所有家人的生活节奏都要配合和迁就孩子。家长过分呵护孩子，含在嘴里怕化了，将孩子放在保护罩里养育。

后果：家人过分共情，孩子的心理年龄会跟不上他的社会年龄，表现得幼稚，很容易会形成人来疯的性格，变得黏人、控制欲强、胡搅蛮缠。

对策：不过分关注孩子，保持松弛感和钝感力，不强调孩子的话语权，明确每个人都有自己的计划和习惯。

陷阱三：鞍前马后且自得其乐

表现：孩子需要的一切都有父母为其打点，收拾玩具、整理书包、穿衣、吃饭，只要能包办代替的绝不要孩子参与，孩子无须劳动，只需坐享其成。

后果：孩子会觉得一切都理所应当、唾手可得，不会对家人、朋友心怀感恩，经常表现得挑剔、矫情、娇气、高高在上，家庭也将失去一个勤劳、能干、善良、上进的好孩子。

对策：放下含辛茹苦和自我感动，家长和孩子应该共同成长。让孩子尽早参与家庭分工，在做家务的过程中感知劳动的辛苦，也在付出中获得自我效能感，提升同理心。

陷阱四：表现得大惊小怪

表现：当孩子生病、受伤或是受到欺负，孩子的情绪相对稳定，但家长激动，惊慌失措，夸张地解读事件本身。当孩子取得进步或好成绩，对孩子高度称赞，给予丰厚奖励。亢奋、激进地处理发生在孩子身上的每个事件。

后果：孩子的情绪会受父母影响，经常出现极其低落或是极度亢奋的状态，情绪不稳定，容易翻脸，性格阴晴不定，习惯给人脸色看，虚荣心强，不懂得宽容，没有礼貌，喜欢博人眼球，哗众取宠，还会越来越胆小，依赖他人。

对策：坚信初生牛犊不怕虎。孩子有应对危机的能力。很多时候，孩子需要的并不是父母为其出头，将小事化大，需要的仅仅是一双善于倾听的耳朵，父母保持情绪稳定，从容、冷静地倾听孩子的分享，给孩子面对困难的勇气和方法足矣。

陷阱五：一遇哭闹就妥协

表现：见不得孩子哭闹，孩子一哭就心软，习惯性放下原则，迁就孩子。

后果：当哭闹成为孩子的法宝，孩子便经常以此要挟父母。孩子撒泼打滚，甚至是一哭二闹三上吊，会逐渐出现伤害自己的情况，也必然不会珍惜物品，不会体贴他人，表现得毫无耐心和吃苦精神，在性格中留下了无情、任性的烙印。

对策：智慧地冷处理。当孩子无理取闹时先不要给他反馈，让孩子知道哭闹对于事件的推进没有帮助，只有情绪稳定才能进行对话，解决问题需要讲道理，不是比谁的哭声大。

陷阱六：允许孩子散漫随意

表现：孩子可以自由安排自己的生活起居，家长对孩子的暴饮暴食、睡懒觉、熬夜补作业、长时间打游戏等行为不加约束，永远希望孩子能放松，极力避免和孩子发生矛盾。

后果：孩子习惯了散漫的生活，很难适应学校的集体生活时的生物钟，课上昏昏欲睡，浮想联翩，课下沉迷游戏，逐渐出现厌学情绪，学习习惯和状态逐渐被摧毁，形成缺乏求知欲和上进心，得过且过，有始无终的性格。

对策：和孩子做明确的约定。在家庭中明确规则并以身作则，帮助孩子形成自律意识。

陷阱七：提供无孔不入的陪伴

表现：家长总是担心孩子太小，对潜在的危险带有过度的恐惧，不放心孩子独立做事情，觉得孩子也希望自己时刻陪伴在身边。

后果：没有经历过独处的孩子很难学会独立，习惯在父母阴影中成长的孩子，也很难学会必备的生存技能，成长为一个有主见的人。长此以往，这样的孩子会在家里横行霸道，在外畏首畏尾，变成窝里横。

对策：给孩子安全感和边界感，尊重孩子独处的时间，给孩子自主成长的空间，将长大的机会交还给孩子，不将养育孩子当作自己生活的全部，将注意力放在有关成长的事情上，用学识智慧启发孩子，用广阔的心胸感染孩子，用真诚和善良打动孩子，用人格魅力征服孩子。

陷阱八：化身挡箭牌和避难所

表现：家庭成员之间教育理念不统一，一位家长在教育孩子的时候，其他家庭成员出面袒护，甚至是掩护和包庇，让孩子心安理得地免于受罚，孩子的性格扭曲，也让家庭内部出现不和睦的因素。

后果：当家庭内部意见不统一时，孩子就会知道家庭里虽然有规则和严厉的家长，但存在可以利用的漏洞，即便他犯了错，也会心存侥幸，第一时间不是认错和改错，而是找自己的挡箭牌、避难所、保护伞。孩子有恃无恐，不听话，逐渐失去是非观，变得"教不了"。

对策：不管家人的教育理念如何不同，都不要当着孩子的面表达不同意见，要让孩子知道：每位家长对于原则性问题都是坚定的、团结的，犯了错误便没有讨价还价的余地。

陷阱九：央求孩子做事

表现：总是担心孩子吃不饱，哄着、追着孩子，甚至是央求孩子吃饭、睡觉、上学、写作业、洗澡、换衣服等孩子本应完成的事情，在家庭中变成了父母的一次次央求和谈判。

后果：家长越是央求，孩子越不会通情达理，越会忸怩作态，与有责任心和落落大方的性格越来越远。当孩子逐渐掌握家庭的主动权，开始刻意避免主动完成本应该完成的事情，用小聪明为自己争取便利时，家庭教育的威信也宣告瓦解。

对策：让孩子明白：应该做的事情，如果不做有什么后果。比如没有按时吃饭，那么需要饿着肚子，直到下一餐开餐。如果没有完成作业，需要自己面对老师的批评和惩罚。将央求变成提示，给孩子小教训能让孩子更有规则感和责任感。

陷阱十：对孩子有求必应

表现：孩子想要什么都想尽办法地满足，即便明知道孩子的要求不合理，也会"忍辱负重"，难为自己，甚至是为难别人来满足孩子的需求。

后果：孩子不断地索取家人的偏爱，试探底线，当他的要求无法被满足时便会大吵大闹，变得无法无天，漫天要价。

对策：要坚守底线和原则，绝不因为一时心软就退让，要求可以满足，但要付出代价，绝不能让孩子得寸进尺。

溺爱不是爱，而是害。俗话说："宠儿多不幸，娇儿难成才。"一句"他还是个孩子"毁了无数的家庭。

教育家马卡连柯曾说："一切都给孩子，牺牲一切，甚至牺牲自己的幸福，这是父母给孩子最可怕的礼物。"多少父母打着"我爱你"的旗号，将这份可怕的礼物递到了孩子的手中！

溺爱的本质是父母的无能和不作为。教育孩子，让孩子有道德感，学会如何做人是每位家长不可推卸的责任，孩子是自己的，亲手播下溺爱的种子，就会在未来遇见无情的逆子。

有称职的父母才会有善解人意的孩子。不要抱怨命运不公，自家的孩子是娇贵的小公主、蛮横的小霸王、扶不起的阿斗，别人家的孩子却是谦谦君子、三好少年。养育孩子从来都不是一件易事，只有尽快走出误区，才能尽早培育英才。

北京市海淀区玉泉小学　杨玉莹

如何夸出好孩子——小表扬有大学问

鼓励和表扬是父母养育子女的不可或缺的两大"法器"。鼓励是对一个人内在努力的强化，是安慰和理解，更是引导和帮助。表扬是来自外部的强化，是来自外界的评价。小表扬也需要大智慧，需要看到并记录孩子的努力和坚持，肯定孩子的好态度和好想法，重视孩子思考和尝试的过程，关注孩子的好习惯和好品质。

鼓励和表扬是父母养育子女的不可或缺的两大"法器"。

鼓励是对一个人内在努力的强化，是安慰和理解，更是引导和帮助。及时鼓励有助于帮助孩子重拾信心，激发孩子的内驱力，帮助孩子提高自主解决问题的能力，让孩子不焦躁、不气馁，变得坦然和坚韧。

表扬是来自外部的强化，是来自外界的评价。父母经常表扬孩子有助于拉近亲子关系，增进感情，但表扬过度不利于孩子自主性的持久培养。表扬的功能有很多，肯定努力、指明方向、激发动力……但其常因评价主体的不同，呈现出极大的差异，缺乏一致性和可信度。又因常带有强烈的主观色彩，表扬的内容也不像鼓励一样，针对具体的需要和事件，往往是随意的、失真的、情绪化的，甚至是带有娱乐性的。

一、夸奖必不可少

孩子的成长需要家长看到他们的闪光点和进步，助力他们越战越勇，但如果滥用表扬，不仅不会帮助孩子成长，反而会阻碍孩子性格的发展和能力的提升，让孩子形成固定型的思维模式，害怕尝试，畏惧失败，思维僵化，守旧固执，缺乏好奇心、行动力和创新性。

不仅如此，长期"摄入"过量且不真实的表扬会让孩子逐渐上瘾，依赖性增强，抗挫力下降，变得狂妄自大，目中无人。

表扬的出发点和语言总是好的，为什么会反噬孩子呢？错不在孩子，而在于大人的无知和无畏，从未注意自己的语言，更没有想过自己的语言会对孩子的观念、性格、态度甚至是终身发展造成怎样的影响。

试想一下，如果你经常被周围人大赞聪明，会不会产生自己就是天才的错觉，盲目地觉得自己天赋异禀，甚至愿意相信：我不需付出努力，就可以达到常人所没有的成就。当现实一次次戳穿假象，你又会不会为了想要"稳固人设"而殚精竭虑，为了避免失败、失去聪明的头衔而绞尽脑汁，陷入痛苦呢？

有这样一句话：当一个人被簇拥上了高台，他自己便走不下来了。这既是一个人出于本能的对既得利益的保护，也是出于自尊，放不下颜面苦苦支撑。但摇摇欲坠的高台总有倾倒的一天，是继续忝居高位，还是积土成高山，凭借真才实学站稳脚跟？

这样的道理，我们容易明白，但我们透过表扬，传递给孩子的价值观又是怎样的呢？孩子需要鲜花，但不需要繁花似锦。适时郑重地送上清丽的一枝便能让孩子的心房飘满花香；孩子需要掌声，但不需要掌声雷动。一个赞许的眼神、一个肯定的表情、一个会心的微笑、一阵真心的掌声，都能让孩子获得真切的鼓舞，带着价值感和自信心继续翻山越岭。

孩子需要的，不是我们的奉承讨好、过度反应，更不是大惊小怪。太过廉价的表扬配不上孩子的努力，只有发自内心的赞许，才能让孩子获得成就感。太吝惜表扬，制定遥不可及的标准，孩子或是望而却步，或是埋头苦干、摸爬滚打却仍然和父母的要求相去甚远。长此以往，孩子的信心被摧毁，能力被否定，便难再有冲劲，性格也变得懦弱、消极。

"你真棒！""你真厉害！""你真是太聪明了！"警惕！这样的话你是不是也挂在嘴边呢？表扬其实就是在给孩子灌输不同的心智模式。如果家长关注的是聪明，那么孩子逐渐形成的就是固定型的心智模式，因为聪明与生俱来；如果家长更在乎努力，那孩子也更倾向于发展成长型的心智模式，因为努力和进步永远没有极限。

都说好孩子是夸出来的，该夸孩子什么呢？是夸聪明、夸样貌、夸天赋，还是夸勤劳、夸努力、夸品质？

"你真是个小天才啊！"赞扬一个人有才智没有错，但夸赞聪明，孩子并不会真的变得有大智慧，当家长的表扬和孩子真实的成长之间无法建立直接而紧密的联系，孩子便无法持续地在行为上回应父母语言中的期待，转而沉迷于做表现自己聪明过人的表面功夫。

将这一问题从家庭中放大到社会中，当来自家人的评价和来自老师、同学的评价经常发生矛盾，孩子会陷入自欺欺人的怪圈，习惯性自我质疑、自我否定，进而转嫁痛苦，开始怨恨、仇视他人，总觉得自己受到了不公正的对待。

"真厉害，又吃了一大口！"夸奖孩子厉害比夸赞聪明更危险。如果厉害、能力强对应的就是喝光杯子里的水、穿上自己的鞋子、拉上了上衣的拉锁等简单的生活琐事，孩子便无法正视和解决真正的困难，无法用正常的心态看待他完成不了的事情，更无法带着崇敬看待民族英雄、国之栋梁、白衣天使……孩子会觉得自己骁勇、能干、出类拔萃，在能力上鹤立鸡群，实则色厉内荏，缺少才干，成为大家口中的"草包"。

二、小表扬里有大智慧

我们究竟怎样夸出好孩子呢？小表扬也需要大智慧。分享几个实用的方法和真实的案例给大家：

（一）看到并记录孩子的努力和坚持

乐乐第一次拼乐高，遇到了很多困难，但乐在其中，甚至有些废寝忘食。耗时一天，终于拼出了他人生中第一辆乐高小车。

乐乐妈妈为乐乐和他的第一件完美的作品拍了照片，打印出来后，在照片背后写上："这辆跑车很酷，专泮的乐乐也是。2022.12.22"

乐乐开心极了，高兴了很多天。小小的乐乐切身感受到持续努力和获得成就感之间的对应，做事情越发不轻易言弃。

对于努力和坚持总有两种完全相反的意见：一是执拗倔强，不撞南墙不回头；一是坚忍不拔，虽九死而犹未悔。能够独立、认真地完成一件事情并享受，不仅反映出孩子的专注力强，能自觉抵抗外界的干扰，更说明孩子有纯净的心流。

当孩子沉浸、投入地做某件有意义的事，不要打断，更不要消极地解读和评价，点头示意、给孩子一个注目的眼神、一个竖起的大拇指、一个客观的描述，这些都可以成为对孩子的肯定，别把表扬想复杂，多叙述，多使用眼神和肢体动作，多描述孩子努力的过程，孩子才会持续努力。

（二）肯定孩子的好态度和好想法

小雅是积极主动的孩子，很喜欢帮助父母做家务，但只有七岁的她经常好心办坏事。家里的长辈经常出面袒护道："她还小呢，没事，我来做吧！"

小雅妈妈却不这样，果汁放在桌子上，小雅倒的时候容易倒得满桌都是，小雅妈妈会说："你想和大家分享果汁对吗？把杯子拿高一点试试。"

小雅爸爸的摩托车坏了，小雅在旁边出了很多主意，虽然有些不着边际，但爸爸还是会说："这个主意我们都没有想到，你很有创意，我们先试试……好吗？"

小雅想做却做不好的事父母都会先肯定孩子热心、善良、踏实肯干，再在方法上提供帮助，不浇灭孩子想要出力的真诚和热情，也不打击孩子助人为乐的善心和积极性。

重智轻德是当今教育的一大弊病。有好态度和好想法，很多时候比能力强更重要。表扬不是取得好成绩的副产品，更应和立德树人相联系。我们会发现，很多孩子小的时候踏实肯干、任劳任怨，但长大后反而事不关己高高挂起。这正是因为孩子幼年时的突发奇想和热心肠没有被保护，经常被家长的怕麻烦、怕危险拒之门外。

（三）重视孩子思考和尝试的过程

一年级的小齐非常喜欢做简单的数学题，虽然正确率不是很高，但自得其乐。小齐的妈妈是一位出色的理科生，总能扫一眼就看出小齐哪里出错，经常这样说："你写得还行，这几道改一下。"妈妈的话里没有批评，甚至还有一丝表扬，但小齐在数学方面的兴趣逐渐下降，开始出现畏难情绪，担心出错，不敢下笔。之前总能在放学前自主写完当天的练习，如今总是需要回家后在家人陪伴下完成。

父母关注结果，孩子也就会忽略过程。小齐妈妈在意识到问题后开始这样和孩子交流：

"我看到你遇到了难题能沉静地思考。"

"这道题你琢磨了很久，真是一个爱动脑筋的孩子！"

"你最近做口算掰手指头和借助小棒计算的次数变少了呢，进步真大！"

"我看到你有很多修改和检查的痕迹，真是个细心的孩子！"

"这道题目有些难，你居然也做出来了，能分享一下你的巧思吗？"

很快，小齐面对数学口算题的自信心回来了，因为妈妈

亲子关系篇 185

的表扬开始走进他的内心，现在的表扬和评价不再是就事论事，不仅发挥了育人的价值，也有了人情味。

（四）关注孩子的好习惯和好品质

吃光碗里的饭、不在背后说别人坏话、规律作息、自己的事情自己做、文明礼貌……细节决定了一个孩子性格的底色。当我们把他们良好的行为转化为一种感悟，进而提升他们的品德，提出对他们的希望，孩子的内心会变得更柔软，对这个世界的体验也会更充分。

好习惯，益终生。自律才能获得真正的自由，没有好的学习习惯，难有好成绩，没有好的生活习惯，也很难维系和家人、同伴的长久、稳定的亲密关系。

"碗净福至。你一定是农民伯伯特别喜欢的那种孩子。"

"你自己整理的书包真是整齐，不依赖别人，长大了。"

"今天和家人聚餐，你不仅等长辈上桌才动筷子，也没有挑食，长辈们都特别喜欢你。"

"你能想到和好朋友分享你的生日蛋糕，相信你一定是个大方而受欢迎的孩子。"

人之初，性本善。性相近，习相远。孟母为了孩子能少受生长环境的消极影响，三易其址，最后培养出大儒孟子。孟母看到了成长环境对孩子性格和习惯的影响，也看到了好的习惯和品质对孩子成长和成才的重要性。

身为父母，我们应该关注孩子好习惯的培养，帮助他发展善良、勤俭、笃学、好问、谦和、自主的品质，借助表扬，肯定孩子做的好的地方，在表扬中渗透自己的期待和孩子发展的趋势，让孩子知道：我是怎样的、我该怎样做、我是在朝着优秀的方向成长着的。这样孩子不仅会形成自控力和辨别力，慎独，减少逾矩行为，避免犯错，家长前期铺设好孩子的成长之路，后期也会减少很多纠错和责罚孩子的情绪消耗，让整个家庭的互动处于良性的循环。

三、小试牛刀

表扬是和孩子情感共鸣的过程。身心健康、乐观自信的孩子离不开家庭的倾听、感悟、点拨。读到这里，你会表扬孩子了吗？让我们从下面几组话术中选出对孩子更有帮助的评价吧！

第一组	你非常聪明，一定能当班长！	（ ）
	你在读书的时候很认真，朗读得很悦耳！	（ ）
第二组	你太棒了，真厉害！	（ ）
	你尝试了很多方法解决难题，功夫不负有心人，祝贺你！	（ ）
第三组	这次你终于比乐乐考得好了一次，你是不是开窍了！	（ ）
	你比上次努力，表现得更出色，潜力真大！	（ ）
第四组	我的孩子就是优秀，真是我的骄傲！	（ ）
	你一直在进步，值得为自己骄傲。	（ ）
第五组	你真听话，是妈妈的好孩子。	（ ）
	你能认真完成任务，把事情交给你我总是很放心。	（ ）

北京市海淀区玉泉小学　杨玉莹

爸爸的魔法

现代家庭教育中爸爸对孩子成长产生的影响越来越凸显。家庭教育中,爸爸存在的样态大致有三种:第一种是根本没有爸爸,第二种是如同没有爸爸,第三种是真的有爸爸。第一种家庭样态对孩子来说是生活给他们带来的伤害和磨砺;第二种家庭样态的爸爸则多是由于工作忙碌无暇顾及家庭或教育投入意识淡漠而造成的;第三种家庭样态的爸爸主动承担教育责任,是教育者也是孩子期待的。

现代家庭教育中爸爸对孩子成长产生的影响越来越凸显。李玫瑾教授就曾提出"父亲长期缺位则孩子难管教和长大缺乏竞争勇气的问题"。在我所教班级学生家庭教育中爸爸存在的样态大致有三种：第一种是根本没有爸爸，第二种是有如同没有爸爸，第三种是真的有爸爸。

第一种家庭样态对孩子来说是莫大的悲哀，无论是因为父母离异导致的，还是命运之神不眷顾他们造成的。对孩子来说都是生活给他们带来的伤害和磨砺。我们无法用不公或不幸这种简单的词去形容他们所经历的种种，也无法改变他们所处的现实困境，我们能为他们做的就是尽力而为关注、关爱和帮助。

第二种家庭样态的爸爸则多是由于工作忙碌无暇顾及家庭或教育投入意识淡漠。也是我们常说的"丧偶式"教育。

第三种家庭样态的爸爸是教育者也是孩子们所期待的，他们积极参与到家庭教育，并主动承担更大的教育责任。他们具有夫妻双方共同承担责任的理念，与孩子共同成长，共同进步。他们也知道要增加沟通、陪伴，学会正确的沟通交流方式，提高父亲与子女的沟通频率，能尝试从子女每天在学校的趣事、认识的新朋友、感兴趣的事物来拓宽交流的话题。他们也会参加亲子教育讲座、阅读亲子教育的文章等，还会从日常生活中入手，观察周围的其他父母是如何与他们的子女相处的，他们善于学习，善于提升。

我故事中的主人公叫小宇。小宇是一个情感丰富，饱含热

亲子关系篇

情但又顽皮好动、爱惹是生非的男孩。他是每天让我经受"冰火两重天"考验，让我又"爱"又"恨"的"天缘"。"爱"是因为他时常带着微笑，将那白皙俊俏的脸庞凑到跟前和我说长道短："老师，您今天 very beautiful。""明天我过生日了，我给您带一块蛋糕尝尝呗。""这是我亲手给您做的手工挂链，您喜不喜欢？"……句句触动人心弦的话怎能让我不爱他？"恨"的原因也是不胜枚举：就拿同学们形容他为"扫地机器人"来说吧，从一年级到三年级他扫遍了班里的各个角落，每天扫过之后第二天都会自动更换干净的"滤网"继续工作。再说他的桌面上"鸡零狗碎"的东西更是每天推陈出新，一根吸管，一张湿纸巾，一块橡皮头都能成为他制作"武器"的原材料。而对于老师布置的学习任务那就是他在学校的"副业"，不到万不得已绝不操练。作为一个老师遇到这样的学生又怎能不"恨"？

万事皆有法，一切皆有因。孩子之所以有这样的性格特点一定是多方面原因导致的，经过几年的了解和与孩子妈妈多次的交流沟通，我大致能够分析出这背后的原因。原来小宇是夫妻两个人的第一个孩子，是早产儿，出生后在医院的保温箱住了近两个月时间，全家人都为这个小生命的降临又喜又忧，当孩子终于健康出院后亲朋好友更是如获至宝，于是孩子就在万般宠爱下慢慢长大，不用说，这种爱是超乎寻常的爱，甚至可以说是溺爱。妈妈则是这种爱的直接给予者。妈妈是个情感丰富而健谈的人，为了照顾孩子辞掉了工作，受妈妈的影响，因此孩子也情商颇高。而爸爸则恰恰相反，是某企业的高管，据妈妈说曾经是某省状元，天生的学霸。但因工作繁忙经常加班到深夜，每天几乎见不到孩子，即使周末休息爸爸也很少与孩子互动，更没有过平等的交流和亲密的肢体接触。用孩子自己的话说，爸爸在家就和他做两件事：第一件事情是玩"算账"的游戏（就是把一周犯的错误一并悉数一并惩罚，惩罚的方式就是挨揍）。第二件事情就是做奥数题，而且一做就是三个小时。亲人无度的溺爱和父爱的淡薄与缺失使小宇一方面无规矩意识，另一方面又极度缺乏安全感，我想这是造成他产生上述行为的主要原因。

在日常的教育教学工作中，我也经常给小宇父母一些诸如培养孩子"自己的事情自己做，大人的事情帮忙做"，"下象棋，玩拼图等益智玩具培养持久力"，"和孩子多交流多互动多亲密"等建议，但都收效甚微。

近期线上教学期间偶然得知小宇爸爸也要居家办公，我突发奇想这也许是改善他们父子关系的良机，正巧小宇积极要求和大家进行数学阅读分享，在他挑选的目录中我一眼看到《爸爸的数学魔法》这个有"魔力"的标题，便毫不犹豫地决定让他分享这个内容。故事的大意是：小女孩的爸爸让她随便说出一个三位数，然后让小女孩在计算器上将这个三位数连续输入两遍变成6位数，用这个数除以11再除以7再除以13后，爸爸都能快速地说出答案。最后，父女二人一起破解了爸爸的数学魔法。小宇分享完故事后，我故作神秘地说道："你们知道吗，其实你们的爸爸不但会变数学魔法，还会变肢体魔法，今天同学们就做一个'和爸爸拥抱一分钟'的作业，体会一下爸爸的肢体魔法吧！"

任务下达后我焦急地等待着小宇的拥抱感言，可是一个小时，两个小时过去了，石沉大海音信全无。我正灰心丧气准备休息的时候，小宇妈妈发来了消息："张老师，爸爸终于抱小宇了，我计时两分钟，小宇像小兔子似的欢蹦乱跳，爸爸还答应以后经常拥抱孩子。"那一晚，小宇睡得很香，我也睡得很甜！

故事中小宇的爸爸就是我们前面所说的第二种样态的父亲，他承担着家庭的经济重任，更多的时间忙于工作，经常出现加班等情况；另外小宇父亲不善于与子女沟通交流，与子女沟通的话题单一，出现沟通分歧时不知道如何化解，缺少与子女沟通的技巧。受到传统的教育观念的影响，他还存在着教育子女是孩子母亲的责任的老观念；也缺乏教育子女的知识，缺少学习的平台和渠道，对于出现的问题无从下手，找不到应对措施，导致在家庭教育中"丧偶式育儿"现象的出现。

爸爸的"魔法"不但改变了父子二人的相处模式，也让教书育人的我感受到幸福所在：无须惊天动地，只需润物细无声！

北京市海淀区玉泉小学　张冬梅

错误是学习的好机会

从幼儿园进入小学是孩子早期成长过程中一次重要的转折。随着角色的转变，学业任务的增加，孩子在成长过程中犯错很正常，家长要允许孩子犯错，更要帮助孩子从错误中学习，因为错误是学习的好机会。作为家长，要教给孩子如何将改正错误转换为学习技能。用爱与接纳去引领孩子，看到孩子的进步要及时鼓励，降低期待。

9月1日，新的学期开始了，我们又迎来了一批可爱的一年级小豆包们。对于我们这样一所十二年一体化的学校来说，一年级的孩子是年龄最小的学生，他们天真无邪，说话奶声奶气，对学校的一切都充满好奇，"为什么呀"是他们的口头禅。而对于刚毕业就分配到一年级担任班主任的青年教师们来说，尽管经历了充分的岗前培训，尽管做好了充分的思想准备，尽管刚参加工作的他们对职业充满了热情与期待，但两周后他们已经声音嘶哑，被这群小可爱们折腾得筋疲力尽。这天放学后，今年刚博士毕业就入职的张老师愁眉苦脸地来到我的办公室，向我讲述了涵涵的故事……

一、涵涵的故事

她告诉我班上有一个叫涵涵的孩子，这段时间让她压力很大，也很困惑，不知该如何教育，所以来向我求助。经过交谈我了解到，从开学到现在，这个孩子每天都打人，班里很多孩子非常怕他，班级其他学生家长也在给张老师施加压力，希望学校能对涵涵的家长提出明确的要求，对其进行有效管理。安抚了张老师后，第二天早上我就来到了班上看看这位涵涵同学。当时正在上早读，大部分同学都已经到校，班级后门站了一个胖胖的小男孩，他正非常生气地在踢门。我走了过去，蹲下来问他缘由，他很抵触，不肯说话，旁边一个同学帮他解释说，他早上一来就拿笔尖扎其他同学，所以班主任张老师让他到门外站着，这会儿张老师正给他的家长打电话。听到同学这么说，涵涵一下激动起来，大声嚷嚷："下次我要把他扎死，看他还怎么气我。"我连忙回应他："这么生气啊，如果那个同学受伤严重的话，警察可能会找你的。"他依然生气地说："我才不怕呢，警察找我，我就逃跑，他们肯定抓不到我，反正下次我也不会放过他的。"这时上课铃声响了，我安抚他先进班上课。

这次简短的会面让我既惊讶又担忧。惊讶的是涵涵才是一年级的小学生，这个年龄的大部分孩子在犯错之后的反应都是害怕、紧张、懊悔，但涵涵在面对老师甚至知道老师和家长打电话时依然没有任何害怕和紧张情绪，也完全没有意识到自己行为的后果。担忧的是这个孩子带着这样的思想和行为发展下去的话，以后可能会向反社会行为方面发展。当然，我也有深深的困惑，这个孩子的家庭教育会存在怎样的问题，让他对给别人带来伤害的行为毫无反思呢？

这天中午，我和班主任张老师一起与家长进行了面谈。这是一个三口之家，小两口自己带孩子，没有老人帮忙，在沟通中，我发现涵涵的父母对他比较严厉，且父母都有打孩子的行为。尤其是父亲，陪伴孩子较多，但对孩子打骂也多，感觉孩子不敢也不愿和他交流。母亲由于工作繁忙，陪孩子时间少，但涵涵比较愿意和妈妈聊天。母亲特别提到，春节后由于她工作压力也比较大、情绪不好，那一段时间打孩子较多，这

亲子关系篇

也是涵涵在入学后打人行为明显增多的直接原因。

下午课外活动时间我和涵涵有了第一次正式会谈。我去教室找他，相互有趣的自我介绍是和小朋友快速拉近距离的法宝，当我邀请他向我介绍他自己，并非常感兴趣地询问他小名的来历时，能感到这个孩子一下开始和我亲近起来，在下楼去学校的心理咨询室时，他还主动拉着我的手，并想要向我介绍更多关于他的事情。

我问他知道我为什么要找他吗？他想了一下说"因为我是我们班最淘气的学生"。我问他为什么这样说。他说他是班级里积分排名最低的学生，这会儿感觉他语气有点从刚才的兴奋变为低沉。

我邀请他向我描述一下上午发生的冲突事件，并表示："老师并不是想批评你，只是想了解一下事情的经过，老师跟你聊了半天，感觉你肯定不会无故打人的，当时是不是发生了什么事情让你特别生气？"接纳和非评判性的态度让他放下了戒备。他开始详细向我描述上午的事情。

他告诉我当时他叠了一个纸飞机，想传给自己的好朋友，但纸飞机落在了同学丫丫的脚下，丫丫捡起来要扔到垃圾桶，他就打了对方。原因是他想让老师看到丫丫同学脚下有垃圾（纸飞机），这样就可以扣丫丫的积分，这样他自己的积分就不会是倒数第一了。他很想让自己的积分提升上去，所以他想的方式就是做一些破坏，让其他同学分数都降低，这样他的分数就能排在前面了。

我问他为什么想要分数排在前面，他的回答让我意想不到。他说，因为老师说班级积分排名前二十的同学可以第一批加入少先队，他特别希望自己成为一名少先队员，他感觉那样会非常骄傲。

我马上意识到虽然涵涵的思考和行为方式有很多不恰当的地方，但在背后其实有一个特别积极和美好的愿望。我立刻肯定了他的愿望，并和他分析了怎样的方式是可以真正帮助他提高他的积分并让他成为一名真正的少先队员的。在分析过程中，我发现涵涵其实并没有信心相信自己可以做到这些事情，这种挫败感才使他想要通过其他不恰当的方式去获取积分。于是我从他最喜欢的奥特曼着手，帮助他分析了奥特曼和怪兽的区别，在这个过程中不断激发他成为一个真正奥特曼的动力。有趣的是，在谈话结束时，他主动说"我觉得自己现在就是一个怪兽奥特曼，正在向奥特曼进化，我想成为一个真正的奥特曼"。

后来，我指导班主任张老师通过卡片激励、具体行为指导等方式帮助他减少打人行为，并不断鼓励他发展良好行为，学习在自己生气时应该用什么方法去解决。班主任张老师每天下午放学后都去和他聊天，听他讲述一天的生活，对他遇到的一些冲突给他一些分析和指导。逐步帮助他将良好行为的保持转化为内部动机。

亲子关系篇

另外，加强班主任和家长的及时沟通，多方面共同协作努力，来促进涵涵良好行为的巩固和进一步发展。建议父母调整教育方式，认识到打骂对孩子心理和行为产生的不利影响，停止打骂教育方式；通过角色扮演等方式帮助孩子理清思路，体会同伴感受，学习积极沟通方式；增加高质量亲子陪伴时间，改善亲子关系，让孩子有话敢说、愿说；可以通过亲子阅读等方式帮助孩子增强词汇量和提升语言表达能力。

二、将改正错误转换为学习技能

从幼儿园进入小学是孩子早期成长过程中一次重要的转折。随着角色的转变，学业任务的增加，孩子从心理生理上都需要一个适应的过程。孩子在成长的过程中犯错很正常，家长要允许孩子犯错，更要帮助孩子从错误中学习，因为错误是学习的好机会。孩子没有问题，只是需要成长，我们家长要做的就是教给孩子如何将改正错误转换为学习技能。比如，孩子的错误是一不顺心就发脾气，那需要转化的学习技能就是孩子需要学习用更成熟的方式表达他的挫败感；孩子的错误是跟别的同学生气后爱打人，那需要转化的学习技能就是孩子需要学习用更成熟的方法去应对令人气恼的情形，例如，可以学着把自己的手放到自己的兜里面，或用脚跺一跺地板而不是打人；孩子的错误是说脏话，那需要转化的学习技能就是学习礼貌用语，也可以学着用另外一些特定词语来替代骂人的脏话，用来宣泄情绪；孩子的错误行为是不能忍受失败，那孩子需要转化的学习技能就是学习承认有些事不容易，可以请他人来帮助自己；等等。

有的家长可能会说，孩子有些错误很难改正，孩子从内心比较抗拒，或者短期内改了，但特别容易反复，怎么办？遇到这样的情况就需要家长与孩子就困难进行讨论，可以采用下面的话术：（1）先肯定孩子的闪光点。（2）你怎么看待这个行为？（3）你想用哪个行为替换这个行为？（4）你想说什么来表达情绪？（5）你需要提醒吗？如何提醒？（6）约定，我们一起加油吧。

总之，家长要学会引导孩子由改正错误转化为学习技能，每一个行为不当的孩子都是一个丧失信心的孩子，我们要用爱与接纳去引领孩子，看到孩子的进步要及时鼓励，降低期待，比如，描述性鼓励——我看到你刚才有一分钟坐得非常端正；提问式鼓励——你刚才很生气，拳头都举起来了，但是停住了，太不容易了，你是怎么做到的？授权式鼓励——你是一个有勇气的孩子，我相信你下次和小朋友发生矛盾时一定可以用语言沟通的方式来解决。

希望家长朋友们树立正确的家庭教育观，帮助孩子从各方面适应小学生活，营造家校共育"生态场"！

北京学校　杨慧

大气的父母，成就大器的孩子

有不少父母，经常教育孩子做事情不能吃亏，尤其在与同伴进行交往时，千万不能受欺负。但这样真的是正确的吗？发生在刚步入小学一年级两个小朋友身上的关于"水杯盖"的故事，其中家长们呈现的不同处事态度和方式，直接影响着孩子与同伴的交往方式，也影响了整个家庭在周围人心目中的形象。有大气、有格局的父母进行言传身教，孩子才能成大器。

身边有不少父母，经常教育孩子做事情不能吃亏，尤其是在与同伴进行交往时，千万不能受欺负。以前我对此也是深信不疑，但随着自己成长为一名基础教育工作者，见证了一拨又一拨孩子们的成长故事，竟萌生了很多新的想法和思考。

首先想分享两个关于"水杯盖"的小故事，这两个故事都是发生在刚步入小学一年级的小朋友身上。其中家长们所呈现出的不同处事态度和方式，直接影响着孩子与同伴的交往方式，也影响了整个家庭在周围人心目中的形象。

故事1：班级里有两个活泼好动的小男孩，都比较淘气。A同学经常在课堂上出怪声，不但爱在自己的书本上乱涂乱画，还喜欢拿着水彩笔甩来甩去，经常甩到周围同学的衣服上、胳膊上甚至是脸上。B同学喜欢一下课就往厕所里钻，在厕所里忘我地挥舞着小拳头，嘴巴里嘀咕着"魔力藏在我的手心"等类似的言语，经常听不见上课铃声的呼唤。厕所的空间原本就比较有限，再加上课间来上厕所的同学比较多，小拳头经常容易砸到其他同学的身上。所以在一年级时，班级里几乎没人愿意和他们一起玩。

有一次，A同学的小黄帽掉地上了，B同学看到后淘气地踩了半天，把小黄帽踩脏了。等A同学发现时，他非但不道歉，反而冲对方调皮地做了半天鬼脸儿。这可把A同学给气坏了，他夺过B同学手里的水杯，怒气冲冲地扔到了地上。这下可好了，不但水杯里的水洒了一地，就连水杯盖儿也被摔坏了。

但是A同学的父母都是非常大气、不斤斤计较的人，也非常清楚自己孩子平日里比较淘气，经常提醒孩子犯错闯祸了不可怕，一定要学会勇于承担。在双方家长了解这件事情的来龙去脉后，A同学的家长诚恳地表示了歉意，而B同学的家长什么话也没说，直接发送过来一条购买水杯盖的链接。最终，A同学的妈妈立即给对方买了一个新的水杯盖，了结了这件事情。事后，A同学妈妈跟我说了一番话，让我很感动。虽然对方的态度让她觉得有点生气，毕竟是他们家的孩子先踩脏了小黄帽，一句道歉都没有，直接就拿出了必须得赔水杯盖的态度。但是她考虑到学校老师每天的工作很繁重，如果老师每天的精力都被这些没有价值的琐事填满，哪里有时间去考虑怎样更好地教书育人呢？一个小小的水杯盖而已，爽快地下个单就是了！就在这一瞬间，我深深地被这位家长的大气打动了。尽管两个孩子现在都特别淘气，但这件事情让我领略到了A同学父母的大格局，因此我对A同学的未来充满了信心。有这样大气、有格局的父母进行言传身教，我坚信，他以后一定能成大器。

故事2：这个故事同样是由"水杯盖"而引发的，也是发生在两个刚步入一年级的小男孩身上。C同学是班级里比较特殊的孩子，刚入学时，他突出的问题就是无法集中注意力，完全不会听指令，上课偶尔会敲桌子等。据孩子家长介绍，C同学上幼儿园时都不会讲完整的话，即使是自己想上厕所，也只会单独蹦出一个"尿"字，最初老师都听不懂。进入小学后，经过不断的干预和引导，他基本上能做到不干扰课堂秩序。

有一天放学后，D同学哭着跑回了教室，手里拿着一个空水杯，杯盖却不翼而飞了。听完他断断续续的描述，我了解到这应该跟C同学有关系。于是，我拉着他的小手去了校门口，给C同学的家长打了电话，让他们再回趟学校。两个孩子当面一对质，原来C同学课间经常在水池玩水，D同学看到后经常把他拽回教室。在这个拖拽的过程中，C同学的胳膊被对方弄得有点疼了，心里"记仇"，放学时趁D同学不注意，把对方的水杯悄悄地从侧兜掏出来，并把水倒进了书包，然后将杯盖藏了起来。

真相大白后，C同学的奶奶连忙给D同学诚恳地道歉，并且帮忙找到水杯盖还给了他，还表示想送他一个新水杯或新书包作为礼物。说来也巧，D同学当天背了个空书包回家，并没有造成其他损失。见此情形，D同学的姥爷觉得小孩子之间闹点小别扭很正常，书包湿了拿回家晾干就好了，礼物就免了。最终，两个孩子也都意识到了自己的问题，在校门口握手言和了。

没想到，这件事情还远远没有结束。当天晚上，我接到D同学妈妈的电话，电话里对C同学的意见非常大，认为自家孩子受了很大的委屈，她觉得非常气愤。我在电话里再次把整件事情的前因后果跟她讲了一遍，孩子之间的小摩擦是很正常的，正是在这些磕磕绊绊的过程中，孩子才学会了该如何与他人相处。

通过一个多小时的电话沟通，我原本以为这件事情就此画上了句号。结果，第二天班里的家委会主任联系我说，D同学妈妈跟她说了"水杯盖"这件事情，她认为C同学的存在，对全班其他同学来说是个巨大的威胁。她还分享了孩子上幼儿园时的经历，当时班上有个特别调皮的孩子，经常欺负其他同学，好在家委会特别给力，联合起来反映问题，最后给那个孩子调了班。因此，D同学妈妈也希望家委会能够第一时间站出来，向学校反映情况。家委会主任听完感到一头雾水，不知道对方家长的诉求是什么，又找到了我。后来我再三斟酌，再一次联系了D同学的妈妈，开门见山地告诉她：别看小学一年级和幼儿园大班就隔了一年，但是有着本质的区别。小学属于义务教育阶段，每个适龄儿童都有接受教育的权利，即使他身体上有残疾或有精神类疾病，也没有人有权利去剥夺他的受教育权。D同学妈妈没考虑到这一层，一听态度就软了，开始不断地给自己找台阶下，从此对C同学也没意见了。

同样是由一个小小的水杯盖而引发的摩擦，D同学妈妈采取的是得理不饶人的态度。在原本已经得到圆满解决的问题上大费周折，把大把时间和精力浪费在了毫无价值的事情上，最终把自己逼到了一个非常尴尬的角落里。

再回到 A 同学的故事中，表面上看 A 同学吃了亏，不但道了歉，还忍气吞声地赔了水杯盖。但实则不然，小小举动，却赢得了他人的敬重和信任，这种大气的品格是千金都换不来的。而 B 同学在父母的维护下，表面上看既不需要道歉，还得到了一个崭新的水杯盖。但该改的习惯在小时候没有得到及时纠正，日后也许需要付出更惨痛的代价来弥补。

通过这两个与"水杯盖"有关的故事，我们不难发现：为人父母者，允许孩子适当地吃亏，或许并不是一件糟糕的事情。毕竟，大气的父母，才能成就大器的孩子。

北京市海淀区玉泉小学　陶业曦

放下"虎妈"的权杖,与"蜗牛"同行

现在的孩子有想法,渴望凡事去实践,所以是时候放下"虎妈"的权杖,去听听孩子内心的声音,做一只"蜗牛"的忠实粉丝,陪着孩子慢慢长大,才是父母最好的选择。孩子们在不同方面都有不同的差异,作为家长,需要认清差异,接纳不同,慢慢培养,细心呵护,还可以通过善用老人,营造适合成长的环境,巧用比较,为孩子搭建自信强大的内心等方式,来成就孩子幸福美满的人生。

一篇偶然读到的网络文章《牵一只蜗牛去散步》，一部许久以前热播的都市话题家庭轻喜剧《虎妈猫爸》，其中一些生活中与孩子擦枪走火的琐事，让我的内心久久不能平静，引发了我深深的思考。作为母亲，我像电视剧中的"虎妈"一样热切地盼望着自己的孩子能成才，我认为自己所有的决定都是为了孩子好，坚信等孩子长大了一定会理解我的良苦用心。可随着孩子慢慢长大，我发现自己一切的好心之作并不完全受欢迎，有的反而招来了女儿的厌烦，我百思不得其解，偶尔读到的这篇文章理清了我心头的困惑，扪心自问：我口口声声说的"为你好"是否真的是孩子心里的所需？是否真的能达到自己期望的效果？答案是否定的，我清楚地认识到：现在的孩子并非我们小时候的样子——见识短浅，他们有想法，渴望凡事去实践，所以是时候放下"虎妈"的权杖，去听听孩子内心的声音，也许做一只蜗牛的忠实粉丝，陪着孩子慢慢长大，才是父母最好的选择。

一、认清差异，慢养"蜗牛"

加德纳曾提出："每个孩子都有多种智能，这些智能的发展往往并不平衡，这就造成了孩子差异的存在，但是各种智能本身没有好坏之分。几种智力因素在每个人身上以不同的方式、不同的程度组合存在，使得每个人的智力各具特色。"

作为一名当教师的母亲，从教二十余年，我教过了几百个孩子，深知孩子们在各方面都有不同的差异，有的孩子机智过人，一点就通，各科学习成绩都很优秀；有的孩子学习成绩平平，性格稳重，习惯良好；也有的成绩较差，学习能力较弱……身为老师的我，多么希望自己的孩子也如班上的尖子生一样，思维敏捷，心灵手巧，机智果敢……可是往往事与愿违，我的两个女儿只是普通孩子，学习平平，智商平平，生活中，我不知不觉总会拿两个女儿和自己亲手培养的优等生相比，巴不得把自己的孩子也培养成自己的学生那样，考进重点高中，考上重点大学……但事实上，希望越大，失望越大，因为我过于强势，给了孩子很大的压力，我们都开始焦虑，孩子想努力地达到我的要求，但自身的能力有限，每天耗时费力，母女都疲惫不堪。孩子做事越发拖拉，还耍小聪明，为了完成我布置的练习，抄书翻课本走捷径，让我大失所望。我时不时地声色俱厉，对孩子怒目以对，有时候甚至火冒三丈，歇斯底里，书本满天飞。有时候，我也很迷茫，对学生那么有耐心，为什么对自己的孩子那么暴躁？难道真的是关心则乱吗？直到读到那篇文章，我豁然开朗。

文章中说："教育孩子，就像牵着一只蜗牛在散步。和孩子一起，走过他的孩提时代和青春岁月，虽然，也有被气疯和失去耐心的时候，然而，孩子却在不知不觉中向我们展示了，生命中最初最美好的一面。孩子的眼光是率真的，孩子的视角是独特的，家长又何妨不放慢脚步，把自己主观的想法放在一边，陪着孩子静静体味生活的滋味，倾听孩子内心声音在俗世的回响，给自己留一点时间，从没完没了的生活里探出头，这其中成就的，何止是孩子。孩子是我们在这世上看过的最可爱的人，别让孩子成为一只流泪的蜗牛。"

我明白了：在现实生活中，我没有过多的时间去给予孩子慢慢来，相反却跟在孩子的后面，拼命催促她们前行，只追求速度，不看过程。让自己和孩子都错失了很多人生的美丽风景，让母女相处的时间变成了相互折磨的时间，我觉得孩子让我操心，孩子却觉得我让她们烦心。

还好我醒悟得并不晚，现在与孩子相处，我努力地放慢速度，对于各项学习，不再强求学习结果——今天必须背会几首古诗文，会读几本英语绘本，会算几道数学题等，而是征求孩子的意见，与孩子一起制订学习计划，根据孩子智能呈现的不同，放大优势，补充劣势，劳逸结合，循着兴趣引导她们喜欢学习，带着她们一起去旅行，去实践，努力做到玩中学，学中玩，试行下来，我们不仅母女关系融洽了，孩子学习的积极性也提高了。

实践证明，每一种生物的成长都需要遵循其自然规律，尤其面对人这种复杂的生物。他既有成长的共性问题存在，也有其个性差异的问题。作为母亲，需要认清差异，接纳不同，慢慢培养，细心呵护，如文中所说："教育孩子就像牵着一只蜗牛在散步，慢养，才能教出更优秀的孩子……"

二、善用老人，打造"和谐"

在电视剧《虎妈猫爸》中，由于几个大人在孩子教育方面没有达成一致观点，夫妻之间、老人之间各有一套教育体系，彼此之间没有让步，导致家庭冲突点越来越多，直至矛盾激化。尤其是赵薇饰演的"虎妈"与"婆婆"之间的隔代教育问题冲突最为强烈，这一点引起了我的共鸣，的确，在我家里，也存在着隔代教育与现代教育的矛盾冲突。

现实中，婆婆从我怀孕开始一直跟我们一起生活，因为我和爱人都有工作，所以孩子出生后带孩子的重任就落在婆婆身上。一开始，婆婆觉得我们年龄小，缺乏经验，说话办事总把自己家乡那套理论用到我女儿身上：小孩子不能玩笔，容易扎到眼睛；小孩要穿百家衣，这样好养活；孩子的头发要多剃几次，这样头发才长得好……诸如此类，不胜枚举，开始为了家庭和睦，我还一直忍着顺从，可后来，随着时间推移，婆婆对孩子越发溺爱，三岁多了吃饭还要追着喂，女儿不愿意自己拿勺吃饭，偶然一次，婆婆追着喂饭，女儿用手一抢，竟然把一碗面条全洒在地上，我气急了，大声批评女儿，这下婆婆也发威了："孩子小，洒个饭不是正常的吗？你至于发这么大火吗？"我一股脑地把心中所有的怨气都说了出来："孩子这么没出息，就是您惯的，三岁多了，还不会吃饭，将来去幼儿园把您带上啊……"我们一言不合，吵了起来，结果婆媳关系就此到了决裂的边缘。

事后，我理直气壮，认为婆婆文化程度不高，还蛮不讲理，爱人知道了也只会两头劝，但这一次，我决不让步，婆婆也气得要回老家，也可能是第一次看这样的场面，女儿吓得晚上惊醒大哭，怎么哄也不行，最后还是婆婆跑过来，把孩子哄睡了，那一刻，我明白了婆婆对孩子是真的疼爱，即使遭受误解，一肚子怨气，但还是牵挂着自己的孙女。

恰巧《虎妈猫爸》播出，让我感同身受，夜深人静，我想着电视剧里的情景，联系生活中的现状，我开始认真思考如何正确对待隔代教育问题。亲子教育专家郑懿说："家庭中的每个个体，都值得尊重，要怀着感恩的心对待老人。"

开始我不理解，直到矛盾爆发，我似乎悟出了一些道理，我越来越觉得"家有一老，如有一宝"不是一句虚话。在我们这个双职工家庭中，婆婆虽然出身农村，但她尽心尽力，无怨无悔地帮我们解决了看孩子的后顾之忧，从安全和责任心上说，无人能及，不可否认她对孩子的爱是任何育儿机构或者保姆无法替代的，有她在可以为女儿提供最好的心理支持，给女儿带来足够的安全感，也可以减轻不少我们的育儿压力和经济负担，单就这一点，我就应该感谢婆婆，而不应该一言不合，抹杀她所有的好。

虽然我们的价值观念、生活方式、知识结构、教育方式等有明显差异。但是，正所谓"家和万事兴"，婆婆每天带孩子，收拾房间，买菜做饭……她为这个家付出了很多，我却没有用心去体会，只看到了她的不足，这也许是最让她伤心的地方。有句话说得好："家是讲情的地方，不是讲理的地方……"在这个家里，我们上班起早贪黑不容易，婆婆操持家务同样也很辛苦，我不该过于苛求，过多指责，满口抱怨，应该懂得感恩，这样才能维持家庭的和睦，才能让家成为温暖的港湾，而不是钩心斗角的战场，让孩子学有榜样，拥有更好的成长环境。

那一次，我成长了。那一夜，我辗转难眠。第二天清晨，我早早起身做好饭，向婆婆诚心道了歉，也和她说出了自己育儿的想法，并不是故意找碴儿，婆婆明白了我的想法，也和我说了心里话，孙女是自己一手带大的，哪怕自己吃不好，也要让孩子吃好……一番推心置腹，让我们冰释前嫌，都是为了孩子好，目标一致，想法不同而已。我和婆婆就此约定：在我管孩子时婆婆不插手护短，听不下去可以出门走走，我做得不妥的地方，等孩子不在身边我们再沟通；如果我觉得她哪里做得不好，也可以找时间坐下来心平气和地聊一聊，有了这次谈话，我们更加了解彼此了，也变得更加亲近了。孩子在我和婆婆的共同努力下，也开始慢慢懂事了。

郑懿说："家庭中的每个人都是智慧的，要学会善用老人。"我觉得这句话说得太对了，每个人都有自己成长的环境和积累，用积极的心态去欣赏别人的长处，生活也会变得更加美好，有时候善用老人，也是培养孩子不可缺少的一种力量。

首先，老人在育儿方面有着丰富的实践经验，他们对孩子各阶段的发展特点也了解得更准确，尤其在孩子生病，或者遭遇其他问题时，他们很淡定，更清楚应该怎样去做。这种处事的方式会带给孩子更多的安全感，同时也能给年轻的父母一种心理上的支持，对解决这些问题起着非常积极的作用。

其次，老一辈身上往往保留着很多中华民族传统的文化和美德，如勤俭朴素、节约粮食、诚以待人等，有他们参与教育孙辈，孩子们不仅可以接受先进的文化熏陶，也有机会更好地传承这些优秀的传统文化和美德。

此外，老人有充裕的时间和精力，相比我们这些年轻的父母，他们面对孩子更有耐心，而且愿意花时间与孩子在一起玩耍，一起游戏。他们不仅照顾孩子的生活，而且能够用心地倾听孩子的叙述。

老人身上有这么多优点，只要我们加以利用，注重家庭合理分工，就能形成优势互补。比如，老人侧重孩子的喂养照顾，我们将重心放在孩子的个性培养方面，尽量每天抽时间和孩子进行互动交流。当教育孩子发生分歧时，要善于换位思考，多想想对方的善意和不易，这样更能促进家庭的和睦幸福，有助于帮助孩子将来去面对更复杂的社会关系。这对于孩子的成长有百利而无一害。

对待老人要多一点宽容，对于老人在教育孩子上的一些错误方式或说教，我们年轻人有时候不必逞口舌之快，要学会冷处理，多一些温和的沟通。如果觉得自己的教育理念或者方法正确，那就去实践一下，有时候行动的效果比说服别人有效。

其实，当今所谓的"拼爹拼妈"，并不仅仅是看谁有钱，谁有权，谁有势力，更多拼的是谁更智慧。发挥每个家庭成员的优势，形成教育合力，在有限的时间里做到对孩子的高效陪伴，即帮助孩子执行和达成计划，遇到困难，及时帮助提醒。即便努力后没能达成所愿，也不要抱怨指责，以身作则，懂得和孩子一起总结教训，懂得来日方长。这就是高效陪伴。相信只有一家人上下齐心，才能培养出品学兼优的好孩子！

三、巧用比较，点亮"自信"

有人说："没有比较，就没有伤害。"以前我对这句话深信不疑。每次看到女儿读英语绘本时磕磕巴巴，我的心里就充满惆怅：唉，你看人家的孩子每天读三四本英文绘本，我的女儿每天读一本都困难重重，上天真是不公平，怎么生了个这么笨的孩子？这样的想法无数次在我的脑海里萦绕着，多少次我脱口而出，刚开始女儿对我口中的比较还比较在意，有奋起直追的打算，但后来随着我的比较越来越多，她开始反感，甚至开始抱怨："太难了，她能读不一定我就能读啊？""妹妹什么都比我好，那你把我扔到垃圾箱里吧！"看着她那振振有词的样子，我气不打一处来，真是恨铁不成钢，有时候控制不住，批评、责备常常不绝于口，可不管我怎么比，她的上进心不但没调动起来，反而越发破罐子破摔了！

看来，比较是对孩子半点用没有了，真是朽木不可雕也，我心里充满了沮丧和失落。有一次，读英语绘本的时候，我无意中说："你比妈妈小时候强多了，我二年级的时候二十六个英语字母还认不全呢！"听了这话，女儿似乎十分好奇，怎么可能？她追着问我为什么二年级还不认识英语字母？我解释道："我们初中才开始学英语！"后来女儿便嘲笑我说："哈哈，妈妈，你小时候还不如我呢！"我发现从那一次开始，女儿好像重拾了信心，她似乎终于找到了前进的动力。

比较是把双刃剑，正面激励不行，那就旁敲侧击，只要能够激发孩子的学习热情，父母坦然说出自己的不足，以孩子的长处与自己的短处相比较，让孩子明白有时候自己也很了不起，甚至超越了父母的童年，这也不失为一种培养孩子自信的好方法！

从那以后，比较再次成为我教育孩子的常用方法之一，只不过我不再拿孩子与其他孩子比，而是常常拿自己小时候和孩子比，"妈妈八岁才学会骑自行车，你五岁就能自己骑车了，真是了不起！""你六岁就认识五百多个汉字了，妈妈六岁认识的字加起来还不到一百个呢！""闺女，你太厉害了，我上小学二年级的时候只会背十几首古诗，你竟然能背出八十几首古诗了……"一次次的比较，提醒我自己小时候真实的模样，也让我看到了女儿的优秀，更重要的是培养了女儿的自信心，同时也让自己放平了心态，缓解了母女心理上的焦虑！

同样是运用比较，后者起到的作用远比前者大得多，其效果也超乎想象地好，作为父母，我们甘为孩子进步的阶梯，无论是哪种方法，只要适合，能激发孩子的进取心，培养孩子健全的人格，都可以去尝试，正所谓，父母没有实习期，教育孩子也没有一定之规，只要用心，就一定能守得云开见月明。

《论语》有云："父母之爱，天地万物之情之无所及也。"作为父母，我们如何能将这份伟大的无与伦比的慈爱落到子女心间？放下父母那威严的权杖，慢慢地陪伴孩子长大，打造和谐的家庭，善用老人，营造适合成长的环境，巧妙地运用比较，为孩子搭建自信强大的内心，只有这样，才能成就孩子幸福美满的人生！

北京市海淀区永泰小学　高欣

高质量亲子关系——陪孩子去探索星辰大海

亲子之间容易出现三大矛盾：子女的"独立意识"与父母"权威意识"的矛盾；日益明显的代际差异引发矛盾；父母期望与子女能力发展现实的矛盾。为了建立高质量的亲子关系，面对孩子的不足，可以多一些担待；面对孩子的成长，可以多一些放手；面对孩子青春期，可以多一些理解；面对成才的期望，多一些理性，给孩子高质量的陪伴，与孩子一起成长。

在电影《外太空的莫扎特》中，父亲任大望是一个单亲"霸道老爸"，爱好音乐的他，一心想把孩子任小天培养成音乐家，采取了全天候的高压监督，逼得任小天只得每天苦练钢琴。小天的生活也变得枯燥、无聊。在小天的心里，钢琴并不是他的兴趣，他的理想是探索太空。父子俩也因此矛盾重重。

直到有一天，外星人"莫扎特"闯入了任小天的生活。具有神秘力量的"莫扎特"，帮助小天与爸爸"斗智斗勇"，小天甚至还逃离了家庭，开启了自由的寻梦之旅。在"莫扎特"的帮助下，小天对音乐、钢琴有了新的理解，他的琴技也取得了突飞猛进的进步，甚至最终获得了乐海杯的冠军，完成了爸爸多年的心愿。

即便拿到了钢琴冠军，他依然选择追寻自己的梦想，并勇敢地帮助"莫扎特"完成来到地球的重要任务。在电影的最后，父子俩的矛盾终于解开，儿子终于理解了父亲的难处，父亲也尊重了孩子的愿望，鼓励孩子去探索太空的奥秘，两个人终于达成和解。

《外太空的莫扎特》是一部非常好的亲子教育电影。电影中不仅生动刻画了当前亲子矛盾，更是以一种浪漫的方式呈现了如何化解亲子矛盾。

亲子矛盾历来是家庭教育中的重点和难点。我工作以来，也接到了很多家长求助，很多家长在亲子陪伴中都存在很多的误区，相关专家指出，亲子之间容易出现三大矛盾，包括子女的"独立意识"与父母"权威意识"的矛盾；日益明显的代际差异引发矛盾；父母期望与子女能力发展现实的矛盾。明晰了亲子矛盾出现的原因，才能找到相应的解决办法，实现对症下药。该如何建立高质量的亲子关系呢？

一、面对孩子的不足，多一些担待

家长在教育孩子过程中，面对孩子出现的一些问题与不足，家长避免不了对孩子进行苛刻的批评，甚至还会出现严厉的指责。

批评行为本身不一定能造成紧张的亲子关系，但是批评孩子的方式与态度可能会让孩子害怕，使双方关系变得紧张。随着家长声音的变大，甚至有的时候家长歇斯底里、暴跳如雷，会让孩子无法接受家长的情绪。当面对孩子的不足时，家长该怎么办呢？

第一，家长要冷静地去面对孩子身上出现的问题，妥善地解决问题，起到树立榜样的作用。家长要转变教育方式，做一个比较冷静的家长，只有家长在遇事的时候沉着冷静，才能成为孩子的榜样，在潜移默化中教育孩子。

有的时候我们在学校里面观察孩子在学校遇事时的一些表现，会发现不同孩子的表现与孩子在家中受到的家庭教育是密不可分的。

所谓的关系紧张，实际上是爸爸妈妈和孩子之间的融洽的亲子关系变得不再融洽，不再和谐，甚至有时候可能会产生冲突。作为家长都希望有一个融洽的家庭氛围，希望孩子能够认真听取家长的教导。但是很多时候随着家长声音的变大，面色变得焦虑甚至狂躁的时候，孩子的情绪就会紧张，孩子的注意力就不在语言上了，可能就在家长的情绪上了，他的紧张不是在于家长教育内容的紧张，而是在于教育状态的紧张。所以我觉得爸爸妈妈要想跟孩子有一个比较好的、融洽的关系的话，还是要比较冷静地去面对孩子身上出现的问题，妥善地解决问题。

第二，不要给孩子过多的信息量。比如，孩子做这一件事做得不太好，然后爸爸过来说一通，妈妈过来说一通，爷爷奶奶再过来说一通。不同的人都在说他，每个人的说话方式以及教育方法也不太一样，就会让孩子产生一种认知焦虑，不知道最后应该听谁的。最终不仅教育效果不好，还有可能会让孩子产生逆反心理。

第三，家长要转变教育理念，学习正确的沟通方法，要让自己的教育方式能够以理服人，而不是以威严服人。在家庭教育中，产生这些问题的主要原因就是家长缺乏正确的沟通方法，家长需要去转变教育理念，要学会以比较好的方式跟孩子沟通，沟通的内容要让孩子能够听进去，要让孩子抓住重点。家长用怒吼的方式与孩子沟通，孩子看似害怕了，但是你说的事他可能一件也没记住，只记住了你愤怒的情绪。问题的根本没有解决，下一次可能还会出现同样的问题。

第四，家长要转变教育方法，学会循循善诱，了解孩子更多的信息。很多事情要让孩子主动地跟爸爸妈妈沟通，虽然这很困难，但这就是家庭教育的艺术。其实父母都希望能够了解孩子在学校的日常，孩子今天在学校吃的什么、喝的什么，今天开心不开心。但有的时候你问孩子今天怎么样，他说挺好的，就没有下一句了。

家长亲子沟通有时候就像语文老师教作文一样，你要说一句话，就得把这个话说具体，比如说天气晴朗，怎么说具体呢？你要描写蓝天、白云、灿烂的阳光……与孩子沟通的时候也是这样的，引导他把话说具体，这样慢慢地你得到的信息量会很多。有些时候孩子跟你分享的在校状态，他自身并没有觉得有什么问题，但是实际上你在这些信息的背后能够获得很多深入的信息，发现孩子说的这件事其实做错了或者孩子处理问题的这种方式不对。

第五，抓住教育的契机，因势利导，理性沟通，帮助孩子解决问题。很多时候做父母的就要运用教育智慧去捕捉教育孩子的契机，引导孩子学会处理在成长过程中遇到的一些问题，因势利导地帮助孩子解决问题。当孩子跟班里小朋友闹矛盾的时候，家长可以循循善诱地教育孩子："这件事，如果你这样处理是不是更好？"孩子说："嗯，那看来我跟他今天这种态度就不太合适。"孩子在这种交流中就会逐渐反思自己的行为，主动改善自己为人处世的方式。

家长还可以进一步引导孩子解决问题："今天我们正好去书店买了新书，明天你跟小朋友一起去读这本书，你邀请他，是不是这个矛盾就可以趁机化解了，你可以试试。"第二天上学孩子可能就会按照你的方法去跟同学缓解关系了。

等孩子再次回家以后也要继续关注事件的发展进度，孩子有没有顺利地跟自己的朋友和好，但是一定要注意自己引导的方式，避免给孩子带来心理压力。给孩子施加压力，就会加剧孩子的紧张情绪。所以需要家长采用潜移默化的方式，对孩子循循善诱，逐渐改变孩子身上出现的一些问题。

二、面对孩子的成长，多一些放手

当代家庭有一个怪现状——父慈母严，虎妈当道。近期，我约见了近十位所谓的"问题儿童"家长，其中有抑郁症边缘儿童的家庭，还有多动症、高功能孤独症儿童的家庭。我发现，这些"问题儿童"的家庭都存在着惊人相似的地方——有一个强势的"虎妈"。

"强势虎妈"，在家庭中有绝对权威，说一不二、不允许丈夫和孩子违反自己的意愿。

家庭对于孩子性格、品行、行为习惯的形成有着极其重要的作用。母亲，则是家庭中极为重要的角色。母亲的要求过于严苛，对孩子的掌控过多，有可能给孩子造成强烈的压抑感。在母亲过多的控制和干预之下，孩子长期处于压抑环境之中，无法享受快乐的童年，也难以拥有独立思考的能力。同时，父母权威失衡的家庭环境，可能会让孩子渐渐失去与人交往的兴趣，给自己幼小的心灵上了一把锁，变得孤独、闭塞。

我想，真正明智的母亲，会随着孩子的长大慢慢地松手，克制对孩子的控制欲。不是对孩子太过吹毛求疵，而是给他们一个轻松自由的成长环境；不是包揽孩子的一切事务，而是让他们亲身去体会成长路上的酸甜苦辣；不是把自己的意愿强加到孩子身上，而是多问问孩子的想法。尊重他们的想法，呵护他们的自尊，这对孩子们心灵的健康成长有着极其重要的意义。

雏鹰离开舒适的巢穴，方能学会飞翔；幼虎离开妈妈的怀抱，才能成为森林之王。世间万物都向往自由，幼小的生命都渴望成长，所有孩子都希望勇敢做自己。

除此之外，为了孩子的健康成长，也要处理好夫妻关系。妈妈应当给予爸爸尊重和平等，父母之中任何一方过于强势都会使家庭关系变得紧张。

原生家庭将直接影响孩子对婚姻的认知，而且会延续到孩子未来的家庭关系中，所以，维持一个健康和谐的家庭关系尤其重要。如果原生家庭中的父母和谐相处、互相尊重，那么孩子也会在自己未来的家庭生活中尊重配偶，营造一个良好的家庭环境，给孩子耳濡目染的教育。

亲子关系篇

三、面对孩子青春期，多一些理解

很多家长发现，青春期的时候特别容易出现亲子矛盾。青春期是孩子身体迅速生长发育的关键时期，也是继婴儿期后，人生第二个生长发育的高峰期。在这个时期，孩子身心都会发生很多变化，憧憬成熟又留恋童年，追求完美又总有缺憾，拒绝被灌输又渴望得到帮助。很多家长因为不了解孩子，对孩子严厉约束，导致亲子矛盾不断升级，矛盾重重，作为家长的我们该如何帮助孩子平稳地度过青春期呢？

青春期有点像人生的易碎期。在这个阶段，孩子内心容易"破碎"。孩子的成长过程就像瓷器制作的过程，开始是一抔土，通过拉坯去雕刻它、晾晒它，然后最后通过高温将坯烧成一个"器"。在土的那个阶段，我们不用担心破碎的问题。当烧制完毕成为瓷器以后，只要不主观地、人为地破坏瓷器它也不会碎。坯拉起来刚刚成型，但是没成器的时候，特别易碎，所以我就把这段时期就叫作易碎期。

那么对于一个瓷器来说，能不能做得漂亮，彩绘是不是精美，打磨是一个非常关键的时期，所以我们说大器晚成。大器必然晚成或者说重器必然晚成的关键，是我们必须在打磨的这段时期里下功夫，才能将其雕琢成为一个比较精美的作品。

对于人生来说，青春期的孩子"坯"被拉起来了，但是最终还是没有成器，也就是说孩子生长发育的各方面如身高、体重等都有了飞速的发展，但是他的内心实际上还没有达到成熟的那种程度。家长如果能够认识到这一点，能够了解青春期是孩子人生特别关键的时期，就能够在孩子青春期的时候，理解孩子的行为，用心帮助孩子"打磨"。家长通过运用正确的方法，采取正确的方式，用心血去灌溉、雕琢，就一定能够帮助孩子顺利度过青春期。

首先，家长也要对孩子的行为给予理解，要给予孩子一定的个人空间，同时对于一些次要的事情，不要管得太严。家长教育孩子的时候一定不要太强势、不要絮絮叨叨的，不断地重复会让孩子觉得反感，日积月累，就容易造成冲突。

家长需要给孩子一定的空间，孩子长大了需要被信任、被理解，需要有自己的空间。甚至有的时候孩子可能真的做错了，他也不希望家长有太多的批评与指责。即使家长说的是对的，在孩子情绪烦躁的时候，孩子不仅一句话听不进去还会非常反感，非常容易跟家长唱反调，容易造成负面的教育效果。

有些时候家长发现孩子做得并不合适，实际上他的内心已经意识到自己的错误。家长这个时候不要借这个事情马上对孩子进行思想教育。因为青春期主要的表现就是要面子，所以这个时候家长要主动给孩子台阶下。等过一段时间以后，在不经意之间，家长可以再谈到这件事，孩子会顺其自然地接受。

其次，在孩子青春期的时候家长一定要及时收住自己的脾气。不要总在孩子面前扮演强者的角色，要善于妥协和示

亲子关系篇

弱，避免和孩子发生正面的冲突。青春期的孩子，随着大脑及身体各器官的发育成熟，心理极不安定。这个时期的孩子性格冲动，容易暴躁、激动，乱发脾气。对事物的理解和认识往往出现偏激，常常与大人唱反调，家长如果在这个时期跟孩子正面争执，容易引发不良的后果。

有的时候，孩子不光是对着父母较劲，也会跟自己较劲，身体的变化实际上带来孩子性格、状态、各方面情绪的一种改变。所以家长对孩子应该保持宽容，要对孩子的行为给予理解。孩子处于青春期，他的困惑、迷茫、伤心、失望，也需要有人倾听。有时候孩子需要找人倾诉他的坏心情，此时家长应该做好一名听众，而不是一个"指挥家"。

最后，青春期是身心发育的必然阶段，是童年走向成年的过渡，要理性看待青春期。青春期男孩跟女孩存在一些区别，女孩发育得比较早，男孩青春期相对较晚。在这个时期无论男孩女孩，都开始拥有自己的小秘密。其实无论是男孩还是女孩，在青春发育期之前家长可以有意无意地告诉孩子，青春期是每个人必然要经历的阶段，引导孩子理性看待青春期。

四、面对成才的期望，多一些理性

望子成龙、望女成凤是家长们的心愿。但是很多家长对孩子的标准，会高于孩子的现有能力，这也容易导致亲子关系出现矛盾。这种情况出现以后该如何去平衡，又该如何处理呢？

出现这类矛盾实际上是由于家长对孩子没有进行客观的评价造成的。每个人都希望自己的孩子是一个优秀的人，但是家长要考虑到孩子的发展实际，不能拔苗助长。

首先，家长要顺应孩子的自然天性，遵循孩子身心发展的自然规律。给予孩子适当的期望，不可以拔苗助长。俗话说"顺木之天，以致其性"。如果把孩子比喻成一棵小树，家长要根据树的自然成长特性，去帮助孩子成长。

人的成长就跟小树的成长是完全一样的，我们在路边看到有些大树遇到比较大的降雨或者大风的时候，会连根拔起。这就说明这种树实际上不是野生的，是种植移栽的。因为它的根没有真正地扎进地里，所以无法经历风雨。在大自然中，很多自然生长的树没有人类的呵护，反而长得非常粗大健康。孩子们的成长亦是如此，只有顺应自然的规律，学会经历风雨，经得起生活的考验的孩子，才会锻炼出一颗独立自主的心。

同时，家长也不能急功近利，要理性看待孩子的发展水平，制定合理的发展目标，遵循孩子的"最近发展区"，符合孩子的现有发展水平。有的时候家长要求过高，反而会使孩子压力倍增，影响孩子的学习状态。家长应该从孩子成长的角度出发，考虑孩子的现实发展水平、心理承受能力以及心理健康，对孩子提出恰当的要求，让孩子在家中切实做一些事情，承担必要的责任。

亲子关系篇

实际上孩子人生成长的高度，是不容易看见的，这种不容易看见的线恰恰对孩子的成长来说，又起着非常积极的深远意义。如何去平衡这种关系，改变家长的育儿观念，引导家长正确看待孩子的发展水平对于孩子的成长有着非常重要的作用。孩子的点滴进步，都值得父母为孩子喝彩。所以家长不要太着急，尤其是不要急功近利，要理性看待自己孩子的发展能力。

高质量亲子关系不是一朝一夕可以建立的，也不能通过一招一式就能完成。每个学生都是独立的个体，他们有自己的个性和想法，父母应该尊重孩子，理解孩子，能与孩子共情，给孩子高质量的陪伴，在守护孩子健康成长的过程中，助力孩子成为最好的自己，并和孩子一起成长。

北京市朝阳区实验小学　陈立华

怎样和孩子说话

语言是成人对孩子进行教育的一种途径。孩子从成人的语言中，可以了解到他们的态度。而成人的态度直接影响孩子的行为方式。父母应该采用得体的语言，科学有效地教育孩子。以"我"为主的语言表达方式，可以减少孩子的抵触情绪和对抗心理，孩子的某个行为错了，与其直接批评他，不如说出这种行为给别人带来的感受，还可以避免攻击孩子的人格。

语言是成人对孩子进行教育的一种途径。孩子从成人的语言中，可以了解到他们的态度。而成人的态度直接影响孩子的行为方式。

家长们可以回忆一下，您有没有对自己的孩子说过这样的话："不许这样？这个都干不了，你还能干什么？你想知道我的忍耐限度，是不是？你什么时候才能长大呢？"

心理学家研究发现，这些语言都或多或少地影响了孩子的生活态度，使他们受到挫伤。这些语言强调孩子的缺点，攻击孩子的人格和自尊。这样会对孩子产生一系列消极影响，有的孩子会产生自卑感，认为自己真的很坏、真的不行；有的孩子认为父母不公正，产生逆反心理；有的孩子认为父母讨厌自己，产生被抛弃感；有的孩子会为自己的行为辩护，让人以为是在犟嘴；有的孩子以攻击成人的缺点来平衡自己；有的孩子丧失自尊和自信，产生无能感。

父母应该采用怎样的语言才能科学有效地教育孩子呢？

我们来比较下列两组语言，一种是指向对方的："快停下！你真是我的小祖宗！为什么你不能乖一点？好孩子是不这样做的！"

另一种语言是指向自己的，将家长的感受告诉对方："累的时候，妈妈不想玩。时间来不及了，还没准备好，我真担心！干净的房子弄脏了，我好失望。"

研究结果发现，孩子对后一种说法更容易接受，后一种说法有助于建立起良好的亲子关系。

以"我"为主的语言表达方式，可以减少孩子的抵触情绪和对抗心理。孩子的某个行为错了，与其直接批评他，不如说出这种行为给别人带来的感受，还可以避免攻击孩子的人格。

北京市东城区培新小学　王芊婷

怎样正确地给予孩子物质奖励

正确地给孩子物质奖励，即聪明、正确地给孩子花钱。家长应该注意给孩子有意义的物质奖励而非橱窗中华而不实的礼品；给孩子仪式感，让孩子保持期待，收到惊喜的礼物；记录孩子成长过程中不可复制的珍贵时刻，为他见证，为他喝彩；当孩子有好态度和好的表现，却没有得到预期的效果时，也要给予奖励。

奖励分为物质奖励和精神奖励。精神奖励主要的表现形式是口头表扬，而物质奖励即给孩子花钱。正确地给孩子物质奖励，即聪明、正确地给孩子花钱。

给孩子物质奖励为什么还要强调聪明和正确呢？首先要说明的是：一、我们提倡节俭，但不苛待孩子，不抢占或者压榨他们本该获得的成长资源；二、不将养育孩子花销的大小和对孩子的重视程度画等号，金钱的付出不能和情感投入和陪伴对等；三、物质奖励的本质在于鼓励和引导，发挥表扬和肯定的作用，而非助长攀比和奢靡之风。

先来看这样一个故事：

小晴和小阳是一对相差了十二岁的姐弟，姐姐已经进入大学，弟弟刚刚踏入小学校园。姐姐还小的时候家里的条件很不好，父母只能穷养。小姑娘很懂事，很小就能体谅父母创业的艰辛，一丝一缕思来之不易，一粥一饭念物力维艰，爱惜书本、珍爱惜粮食，一个玩具能玩很久，没有过多的物质要求，学业不用父母操心，成绩优异、多才多艺、自立自强，和父母的关系也很融洽，一直是父母的贴心小棉袄。后来他们家里的生意越做越好，小姑娘一直很俭朴，今年也考取了心仪的大学。

姐姐十二岁的时候妈妈怀了弟弟。小阳出生时，家里的经济条件好了很多，小阳的降临好像为这个家庭带来了更好的财运，家里的生意蒸蒸日上，小阳被当作是家里的福星，自然

亲子关系篇 233

也成了含着金汤匙出生的小少爷。父母年近四十，事业有成，每次想到姐姐都满心愧疚，将对姐姐童年时的亏欠都加倍地给了小阳。小家伙从小名牌傍身，家中有专属的"游乐场"和鞍前马后的保姆，长辈们也都对他有求必应，本以为家里会其乐融融，没想到疫情那几年，家里却鸡飞狗跳。

外人看来这一家令人艳羡，苦尽甘来，家境殷实，还有一双儿女。但富养的小阳和穷养的姐姐却大有不同：小阳从小自私黏人，目无尊长，厌学顽皮，一入小学就和很多同学发生了矛盾，成了老师的"重点关注对象"。

不仅如此，小阳妈妈也坦言："他遇到喜欢的东西，从来不会考虑是不是需要、价格贵不贵的问题，一定是撒泼打滚、大吵大闹，直到这个东西到手为止。三年疫情，家里的经济情况很受影响，有时很多款项积压，没有太多流动资金，耐心和他说明情况，但小阳完全不能沟通，每个月光是他的各种玩具、游戏就要一两万，这还不算他的滑板课、篮球课、游泳课……"

小阳的爸妈很苦恼，他们不明白，给了小阳最好的环境，为什么他却毫无感恩之心？一家人都很淳朴，为什么唯独他越来越像纨绔子弟？

当我们和这对父母共情前，先来看看小阳父母的日常：

"最近业务有增长，爸爸高兴，又给你买了一辆mini小跑车，看看你的车技提高了没有。"

"近期招到了几个能干的大学毕业生,手里的活有人干了,妈妈带你去迪士尼乐园玩吧!"

"姐姐考上了好大学,家有喜事,小阳你想要什么奖励?"

……

或许他们一家从一开始教育小阳时就混淆了"给予"和"奖励"的概念。来自父母的给予总是不求回报、没有条件的,可以是一时兴起,挥金如土的,给予不和对方的行为对应,给予什么和心情有关。

小阳的父母也坦言:"他要什么我们都给,但好像没有给过他真正意义上的奖励。"父母给得越多越轻易,孩子的胃口就越大,当给得不够多、不够好,孩子就开始了不达目的不罢休的"索要"。

奖励是对好的行为、好的品质的强化,需要有明确的前提和规则,接受奖励的主体需要达到对应的标准,才能得到相应的奖励,这就像孩子们玩的游戏一样,过关,有积分。

试想一下,如果有一款游戏,没有任何规则,只要撒娇或是撒泼就能得到对应的积分,甚至是丰厚的奖品,玩家还会去在意关卡有多少,怎样才能过关吗?现实也是如此,教育孩子时只有当奖励得及时而有智慧,孩子的内驱力才会被激发,逐渐获得自尊和自律,能够理解并愿意遵守规则。

在时间上来看,其父母的"给予"总是前置的。当小阳还没有进步,甚至是表现得一团糟的时候,父母会因为爱他或是心情好给予他索要高价礼物的特权，在小阳的认知里，只要父母高兴，他就可以得到奖励，这与他是否表现得好无关。而父母呢，他们期待小阳在得到礼物后自觉、自发地纠偏思想、矫正行为、感恩父母。这样的教育有极大的偶然性和不确定性，这也解释了为什么小阳在获得了超出姐姐数倍的关爱，掏空了父母的钱包，在人格上却没有丰满起来。

"奖励"在时间上总是后置的。取得进步总是需要时间，孩子从开始努力到获得肯定，往往需要一段时间。时间差给了孩子努力、试错和改正的机会，也给了孩子理解规则和读懂父母的时间。孩子能在"行为—奖励—行为—奖励"的循环中，逐渐建立奖励和行为对应关系，提升元认知能力，更多地关注自己的表现而非过分的需求上。

我们再来看看姐姐小晴，小姑娘在儿时受到的疼爱也很多，虽然父母常在外奔波，给她的爱里少了真金白银，但却真情流露，父母会因为孩子的懂事，送上一份小奖励，也会和女儿分享创业之艰辛，鼓励女儿百尺竿头更进一步。小姑娘获得的物质奖励确实不多，但为数不多的小惊喜都和她的努力对应，和父母的真情相联系，显得弥足珍贵，小姑娘从父母那里得到的更多是精神力量。

小晴和小阳是亲姐弟，但成长环境大相径庭，不只是家境不同，更多的是父母对孩子的教养方式不同。事实证明豪掷千金并不能让孩子更懂事，教育孩子需要聪明地给予物质奖励，而"聪明"二字在这里就体现在物超所值和投其所好上。

我们已经明白奖励究竟是怎么一回事，那如何正确地给予孩子物质奖励就成了需要重点关注的问题。现结合具体事例分享几个实用的好方法。

1.给孩子有意义的物质奖励而非橱窗中华而不实的礼品。关注孩子的情绪，根据孩子成长的需求给予专属的爱。

朵朵和妈妈都很有爱心，朵朵妈妈会在小姑娘受到学校老师表扬后，奖励她一袋猫粮，救助小区的流浪猫，也会带她去孤儿院给那里的孩子送去好吃的，带孩子做好人好事，接触社会。

朵朵妈妈将奖励和对孩子的情感道德教育联系在一起，在陶冶孩子性情的同时，引导孩子向善，关注民生，让孩子知道物力维艰和人生疾苦，树立正确的价值观，让奖励发挥本该有的教育价值。

2.给孩子仪式感，让孩子保持期待，收到惊喜的礼物。在奖励中表达对孩子的爱和关怀，才能丰富奖励的内涵，让孩子知道家人对他的喜好是关注的，对他的兴趣是在意的。

小吃货潇潇坚持了一个月的英语绘本朗读打卡，妈妈奖励她最喜欢的美食——可乐鸡翅，一盘简单的料理让潇潇心满意足，孩子在享受美味的时候不仅感受到成就感和满足感，也深刻地记住了坚持的意义。

再如入秋的第一杯奶茶、入冬的第一串糖葫芦、垃圾食品放纵日、一次滑雪体验等，仪式感让孩子满心期待，因为心意总比礼物本身更珍贵。孩子和父母多一些真诚的交流和互动，孩子也会慢慢学会感恩和回馈，提高感受爱和表达爱的能力，变得体贴。

3.记录孩子成长过程中不可复制的珍贵时刻，为他见证，为他喝彩，让孩子看到自己的成长。

平时默默无闻的小菲第一次代表班级表演新年节目，用精彩的唱跳表演赢得了全校师生的鼓掌，班主任给小菲妈妈发来了现场的视频，小菲妈妈从中截取了几张照片，冲印出来，在小菲回家前放进信封，用丝带包好。放学后，小菲一路眉飞色舞、手舞足蹈地分享着这一天的经历，妈妈认真听着，回到家，小菲一眼看到桌上的小礼物，打开后快乐得像一只小鸟。

孩子入学第一天的照片、第一次拿回奖状、第一次获得满分……孩子成长过程中的点滴都值得记录，当父母能在孩子有所突破的时候给一个小总结，一份小贺礼，帮孩子将他们引以为豪的作品和难能可贵的瞬间定格下来，正向地激励他们，孩子也会更加自信，寻求自我突破，变得越来越好。

4.奖励对应的是好的行为和好的品质，而非好的结果。当孩子有好态度和好的表现，却没有得到预期的结果时，也需要奖励。大人们总是对看人下菜碟的行为嗤之以鼻，却不知不觉地做着看成绩下菜碟的父母。和孩子一起树立虽败犹荣的意识也很重要。

桐桐一直踏实本分，是家长和老师眼中的乖孩子，在学习上很用心，但成绩总是不尽如人意。在三年级结业那天，桐桐回到家情绪不是很好，爸爸看出了女儿的苦恼，递上一张小纸条："这学期你很努力，我们去买盲盒吃披萨吧，我看好你哟！"小姑娘的眼睛一下亮了起来："太好了！"

付出总有收获，成绩斐然固然可喜，即便失败也值得喝彩。鲜花和掌声在生活中本不常有，孩子不甘心时写一封表扬信，孩子气馁落寞时送上一颗"勇气糖"，奖励他的努力，也让孩子看到自己的努力，保持平常心。

5. 为孩子树立正确的金钱观，引导孩子尽早感受价值和价格的对应关系，明确每次给予他物质奖励的额度，教会孩子量入为出，拒绝诱惑，提出合理需求。

明明是单亲家庭，母亲收入稳定，但房贷压力较大，母子二人的经济并不宽裕。明明从小很懂事，会主动帮妈妈分担家务，写完作业后一边读书一边等妈妈回家。每月5日是妈妈也是明明发工资的日子，妈妈会根据明明这一个月的表现，读了几本书、擦了几次地、倒了几次垃圾等给他三十到五十块钱的零花钱作为奖励。明明自己也有一个小账本，记录着自己的收支情况。每个月5日成了母子二人最快乐的日子。

和小阳相比，明明从小能通过自己的劳动换取报酬，并在固定的范围内支配金钱。明明妈妈的高明之处不仅在于强化了孩子好的行为，也让孩子在受到奖励的同时，提高财商，学会理财。

通过这几个案例和分析可以得出：好的物质奖励确实需要花心思，奖励或许不需要很频繁，更不需要掏空钱包，很多时候礼轻情意重的礼物，更能给孩子长久的感动。

北京市海淀区玉泉小学　杨玉莹

适时　适度　适宜

在对的时间和地点遇到对的人,这是人们对美好爱情的憧憬。这种理想状态其实也适用于家庭教育,即适时、适度地做适宜的事情。在孩子成长的关键时期,家长应帮助孩子坚守好习惯,管理好时间,利用好网络,把握好重点,目送孩子在人生的每一个适宜的时刻做出适合他自己的选择。

在对的时间和地点遇到对的人，这是人们对美好爱情的憧憬。这种理想状态其实也适用于家庭教育，即适时、适度地做适宜的事情。回望陪伴女儿共同成长的二十余年，很幸运，我们一起做到了这一点。

这里所说的适时，主要指孩子成长过程中比较关键的时间点，例如小升初阶段，孩子十二三岁的时候。这个阶段的孩子在生理、心理、认知、人格等方面的发展有多重要，无须我赘言。如今想来，在女儿成长的那个关键时期，作为母亲，我适度地做对了几件适宜的事情。

一、坚守好习惯

六年的小学生活即将结束，毕业的骊歌提前唱得人心慌意乱，越是在这样的时刻，作为家长越要保持一份"独醒"的情怀，与孩子一起坚守某种有益的习惯是一个不错的做法。例如，一起跑步健身、一起看某个知识类节目等。我和女儿有一个坚持了六年的习惯，就是每周末专时专用交流她的作业，对于文字作业，我坚持签字。女儿不反感吗？不。因为我本人就比较反感检查、监督一类的字眼或行为，众生平等，孩子也一样，她需要的是关注和交流。我们俩把看作业时间作为很重要、很宝贵的交流时间，一开始是我主动，后来是她主动，我们把需要交流的各项作业摆在桌子上，我边看作业边听她聊学校里的生活，我从不指责她，但发现她有错会提醒她改正，会给她提点学习建议，有些活动类作业会帮她出主意，尽管她未必采纳。她做得好的地方我会很认真地赞美，绝不敷衍，赞美要到位，而且没有"但是"。诵读作业、预习作业等我们也做，在这个过程中，我能大致了解她在课堂的学习生活，如果发现练习册或者书本有破损，我们会一起动手补好，如果我发现连续几周她的某科作业质量下降，会另找时间很认真、很严肃地和她谈一次。因为这样的时候不多，所以每一次都能得到她的重视和反馈。当然，并不是每次作业交流都要把上面提到的事情做一遍。我们很自然，有话则多，无话则少，多则两三个小时，少则半小时左右。我把这件事看成是我的一块重要阵地，平时勤加养护，战时严防死守，孩子是我们最亲爱的"敌人"，仅靠游击战是不行的，要有阵地。当然，随着孩子的成长，有时弃守一块阵地也是形势发展的需要，但弃守的同时一定要建立一块新的阵地。例如，初中以后我再没查阅过她的作业（老师有明确要求的除外），我们开始了"美好周末，母女共读"。任何一件简单普通的事情，坚持下来都必有成效，恒久的习惯能够成就极致之美。尽管每个家庭情况不同，但在战火纷飞的六年级下学期，坚守至少一种良好的学习或生活习惯，是必须的。因为时间会证明，我们的孩子是受益者。

一、管理好时间

站在孩子的立场上，"小升初"对他们是一场巨变。仅就学习内容而言，初中十二门课，还有各类实践课程。三年后的学考决定他的高中、大学甚至未来的方向，而我们的孩子甚至包括我们自己，都还没做好准备。在这个阶段，适宜的做法是让我们的孩子学会管理好自己的时间，即当同时有几件事需要做时，孩子怎样做效率更高。这几件事未必仅指学习，生活处处皆学问。比如我女儿想洗衣服，做一张自己喜欢的音乐光盘（十年前），做两项作业。怎么安排时间？我会建议她先在电脑中把备选的乐曲下载成列表顺序播放；边听音乐进行初步筛选边将衣服分类整理好，分拨放入洗衣机；将经过初筛的乐曲建立一个文件夹再次顺序播放，边听边完成一项可以"一心二用"的作业；晾衣服；停掉音乐；专心完成一项有难度的作业；享受做完事情的欢愉，再放音乐，最终确定自己所选的内容；刻盘。千万别小瞧这种能力，天长日久，潜移默化，这里面有大学问。这种能力在学习生活中的迁移影响，将会使你的孩子成为一个会学习的人。

在这方面有一个必杀技，就是教孩子做饭做菜，从做一道菜到做两三道菜。试想，从买菜开始到把四菜一汤摆上桌的全过程，运筹帷幄，这里面有时间管理的大智慧！附赠做菜过程放空自己的治愈感和品味美食的成就感、幸福感。

三、利用好网络

手机、电脑等电子设备的使用，在孩子的整个成长阶段都是敏感话题，也是造成许多中学生亲子关系紧张的一个重要原因，在有些家庭这一问题在小学高年级就已经凸显出来了。试问：在这个时代成长起来的孩子，逃避网络环境有可能吗？当然没有。既然没有，那就及早适应，让孩子具有免疫力。我从来没有明确提出过禁止女儿使用电子产品，它们就像家里其他设施一样，是个工具，就摆在那里，想用的时候就用。我想尽最大可能消减那种用一次不容易、"让我一次用个够"的心理。另外，我严守底线：做完、做好自己该做的事情后才可以有自主安排的自由。注意，做完不是底线，而是要求做好。否则，孩子很容易就学会敷衍。要让孩子明白：如果你做得快，的确有可能争取更多的自由时间，但这有可能是暂时的；如果你做事既快又能保证质量，那就不仅能拥有稳定的自由支配时间，还能赢得让彼此安心的信任感。当孩子真能高效高质地完成要做的事情时，我真的会信守承诺，给她充分的自由。同时我努力做到：引导她善用网络，希望她能从网络正能量中找到成就感，逐渐远离让她空虚疲累的游戏，偶尔玩玩，算作消遣；极端强化网络安全教育，比如那些色情网站随时会跳出来，匿名网友的网上聊天内容，网上购物的安全性等，这些问题家长防不胜防，才要引导她自己防，她能及早明辨是非，就少了一大成长隐患。因为中学的孩子单靠禁止使用电子设备是完全不可能的。

有没有孩子没完没了地玩电脑或手机，看得家长起急冒火的时候？有啊。这样的时候还不少。我不会表示禁止她用电脑或手机，我一般会找个别的事情分散一下她的注意力，比如和我吃会儿水果，看场电影等。还有些时候，我就忍了，忍出内伤也要忍。偶尔也会失控暴怒，个人认为这是必须的，妈妈也是人，忍无可忍也要爆发。好在这样的时候极少，所以一旦发生，她会觉得是自己真的过分了，她会主动道歉，我会借机与她交流在这个过程中她的行为和我的心理变化，让她学会关注和在意别人的感受，不要把事情走到僵局，要学会审时度势、张弛有度。我们会客观分析彼此哪方面做得好，哪方面做得不好，她做得好的地方我真的会去学，我做不到的事情我不会答应她下次就改，我会真诚地告诉她我尽力改，并真的努力做给她看，让她能感受到我的变化。让她感受到我们达成共识后生活真的很愉快，从而彼此珍惜这样的和谐幸福，谁也不忍心轻易打破。

事实证明，我女儿对电子游戏是有免疫力的，一则是她自己觉得玩儿够了，不稀奇，想玩儿就能玩儿；二则是她真的觉得有更高级的东西在吸引她，比如学习新知识的快乐，取得好成绩的成就感等。她能熟练运用各类电子设备，为己所用，助力她奔赴更广阔的天地。

四、把握好重点

十一二岁的孩子开始渴望精神方面的交流，家长就要顺势而为，由侧重关注孩子的吃穿用住，转而侧重关注孩子的精神世界，为孩子建立起稳定的精神家园，让孩子从中找到安全感。为此，需要把握好以下几个要点。

1. 学会倾听。只做一个好听众就很好。

2. 保持距离。初中生有强烈的独立要求，聪明的家长会与孩子保持适度的距离。距离远了，心却近了。反之亦然。

3. 关注交友。中学阶段朋友对孩子的影响很大，不再是曾经的玩伴，而是更追求志同道合。这个"志"和"道"的品位和境界是有高低差异的。家长要争取在孩子交友方面能够发声，产生正面影响。

4. 保持信任。信任在这个时代已经成了一种稀缺资源，要让你的孩子内心永远能感受到你对他的信任。说谎的经历恐怕谁都有过，所以要让孩子明白说谎不对，体会到失去信任的滋味不好受，但不要夸大说谎的后果，不要说决绝的话，诸如"从此之后，我再也不……"这类的句式不要说，要让孩子感受到你依然相信他，他才会努力对得起你这份珍贵的信任。信任的基础，是充分的了解，否则将走向另一个极端——袒护。在这个问题上，袒护与不信任同样可怕。孩子希望成人世界能给予他公平的待遇，父母的信任会让他感到安心和温暖，让他有力量和勇气去面对困难、艰难成长、实现蜕变。

5. 懂得孩子。世上最简单粗暴的教育方式未必是打骂，而有可能是只问结果。按照某些家长的想法就是，我不管你在学校经历了什么,我看到考试成绩,就知道你有没有好好学习。其实没有这么简单,升入中学后,知识越来越有难度、深度、广度,孩子们接受知识的能力差异逐渐显现出来,学习习惯和态度等在小学就已经存在的问题会得到极端凸显,他们急于挣脱学校、家庭管理的束缚却不知道自己的目标何在,考试成绩时常不尽如人意压力山大,朋友圈关系复杂分分合合,对异性有好感又不知道如何表达等。每一个方面又都有若干具体情况,在这种情况下家长只问结果不关心过程,只能把孩子越推越远。在一个孩子"社会化"的过程中,他真心渴望家长能成为他最亲密的良师益友。而在读懂孩子这一点上,家长只能靠自己。做一个懂得自己孩子的家长,才有可能给予孩子最有针对性、最有效、最有力的精神支撑。最低限度也要做到陪伴他同行。

6.创造交流环境和机会,开拓多种交流渠道。比如共读一本书、共看一场电影、共赏一段音乐等。在微信里、餐厅里、汽车里聊天都好。其实前面提到的每周坚持看作业也是我坚守的交流阵地之一。我女儿还比较喜欢"卧谈",就是睡前躺在床上聊天,黑暗中很容易吐露心声,直至兴尽入梦。

不管哪种交流方式,如果能成为一种习惯那简直善莫大焉。龙应台女士与儿子安德烈聚少离多、亲子关系疏离之时,想尽办法让儿子与自己合作完成母子两地书(一个专栏),一举数得:母子终于彼此理解;儿子有了责任感;通信内容集结出书,畅销;儿子母语水平得到提高……不得不叹服,龙女士真的是一个智慧的妈妈。

可惜有些家长在这个关键时期忽视了对孩子精神世界的关注。等到发现孩子变得有些陌生时，往往已经是一两年以后的事情了。而此时，孩子已经找到了朋友圈或者其他出口，对家长开放的心门已经关闭了，再想打开，很难。有人将这段时间称为孩子的"叛逆期、青春期"。有的孩子度过孤独迷惘茫然混乱的"青春期"后，会重新回到父母身边（指的是精神上），也有个别的孩子，渐行渐远，直至自己也为人父母了，才开始慢慢从精神上靠近自己的双亲。

总之，在孩子成长的不同时段，适度地做好适宜的事情，是每位家长的必修课。作为一名从教二十九年的教师，常有家长问我，在教育孩子方面有没有捷径？这个还真有！那就是读书。只要想尽一切办法让你的孩子爱上读书就好了，最好是纸质书。漫漫人生，江湖险恶，读书，是独霸武林的秘籍宝典，能助我们的孩子终生不败。我常对女儿说：这一生除了健康平安以外，如果我只能选择一样东西给予你，那就是一个读书的习惯。

在好的书籍所提供的极端丰富的精神营养里，孩子能够自我成长，自我完善，受伤可以自愈。将来无论他走得多远，家长都可以目送他在人生的每一个适宜的时刻做出适合他自己的人生选择。

北京市第十五中学　马东杰

母爱如水，滋养孩子幼小的心灵

"上善若水"，而伟大崇高的母爱与之比肩，母爱如水，是滋养心灵的泉水，宽厚包容，又柔韧坚强，让孩子获取足够的信任与安全感，逐步地推动孩子远航。解决孩子遇到的问题，要让理性思维主导整个过程；要对问题进行全方位思考，归因分析，再寻求解决之道。培养孩子的健全人格，既需要顺境中的呵护，更需要逆境中的挫折。温暖、亲密的关系，可以引领孩子走得更远。

至今我都记得曾经的一位学生家长——颇有建树的画家妈妈，发给我的一段六一儿童节电台访谈录音，她用轻柔的声音说道："自从妞妞出生那天起，我看着这幼小的生命，发自内心地荡漾着母爱。直至孩子上了小学，我从没有打过她一巴掌，甚至都没有大声呵斥过她……"听到这里，我内心特别震撼，作为教师的我们，如果对待孩子横眉立目，家长会做何感想？作为家长的你们，是否也能像妞妞妈妈一样柔情似水，善待孩子的每一天呢？以此为引子，就从如何做一名刚入学孩子的好妈妈谈起吧。

一、让母爱成为温柔的力量

老子在《道德经》第八章中写道"上善若水"，而伟大崇高的母爱与之比肩。母爱如水，但不是任性泛滥的洪水，是滋养心灵的泉水。如开篇所述，我见证了妞妞小学六年的成长。在她即将毕业之时，我为孩子写下了如下的话：

"转眼间，妞妞同学快小学毕业了。这六年时光说长也不长，说短也不短，关键是它见证了妞妞从懵懂幼稚走向知书达理的成长蜕变。说起妞妞，必要先说起她的画家妈妈——温婉贤淑而又才情四溢。妞妞妈妈的身份是与艺术家身份交织在一起的，因此才会培养出妞妞同学娴静恬淡、从容向上的特质，才会有静如处子、动若脱兔的表现。真心希望妞妞同学在家庭的艺术熏陶下，在艺术家妈妈热心儿童公益教育的感染下，在今后的成长之路上，汲取养分，滋养心灵，成为未来可期的好少年！"

老子还写出了"水善利万物而不争"的包容宽厚的特性。你看，"处众人之所恶，故几于道"。是啊，它甘心处在人不愿意待的低洼之地。谁都愿意向着高处走，唯有水，无论你把它提到多高，它都向着卑下处。水最能顺应环境，又是坚韧的，要不李白怎么说"抽刀断水水更流"呢！

因此，我说母爱当如水，宽厚包容又柔韧坚强。特别是初入学的孩子不适应环境，或者在集体中表现不出众时，切不可动怒指责，简单粗暴。而是要做那站在高位、善于向低处而流的水，温暖而又宽厚，让孩子获取足够的信任与安全感，逐步地推动孩子远航。

二、让理性主导情绪，塑造孩子健全人格

从孩子呱呱坠地、牙牙学语，到成为一名小学生，相信绝大多数妈妈付出了满腔心血，恨不得孩子成长的每一步都要护周全。但殊不知，有时候让孩子自己摔打摔打，并不是什么坏事。

记得有一次，我办公室的门被一位怒气冲冲的妈妈推开了。这是一个一年级的家长，她是来"投诉"体育老师让孩子跑整节课，不停歇（听自己孩子所述），导致全班都吐了。我听了，急忙稳住家长的情绪，并且邀请她现场观摩教师是怎

么上体育课的。看了半节多课，家长发自内心地说："我错了。我不该听孩子一面之词……"

这一案例，反映出当前部分家长非理性的思维方式与教育方式。家长的焦虑，对资源的占有欲，单方面获取信息的线性思维，反映的是家校之间的不信任，最终会影响到孩子的成长。

孩子成长的过程中，与同龄人之间难免会发生一些小小的矛盾，做家长的第一时间担心甚至产生愤怒的情绪都是无可指摘的，但是要迅速回归理性层面去思考解决问题的办法，因此知晓事件后第一时间的理性思维很重要。可见，解决孩子之间的问题，要让理性思维主导整个过程。特别是在单方面听了孩子的言辞后，不要急于做判断、下结论，一定要在弄清事实的基础上，进行全方位思考，归因分析，再寻求解决之道。

植物学家经过大量的观察对比研究发现，有些植物经历必需的"挫折"，才会获得丰收。如小麦，在气温降至冰点之前发芽，接着进入冬眠"睡个冷觉"，直到春天还暖之后才会苏醒开花。植物学家把这一现象称为"春化"现象。在20世纪20年代的一个暖冬，冬小麦竟然颗粒无收！这一"春化"现场说明了有些花卉需要经历低温条件，才能促进花芽形成和花器发育。

植物成长都如此，我们的儿童成长更应适度经风沐雨才好啊！因此一味地呵护甚至盲目地遵从"为母则刚"，就会连带孩子陷入负面情绪中，既不利于孩子身心成长，还会错失正面引导的良机。

孩子遇到沟沟坎坎，家长做的不是把孩子抱过去或是把路铺平，避免孩子跌倒受伤；而是应该鼓励孩子勇敢地走过去，即使跌倒了，也是宝贵的锻炼经历。所以要把孩子当成"冬小麦"，成长中经历"春化"，才会遇事从容开解，品格越发坚毅。健全人格的培养，既需要顺境中的呵护，更需要逆境中的挫折啊！

三、温暖亲密的亲子关系引领孩子走得更远

众所周知，家庭，是与儿童发展最为紧密的主体，影响着儿童认知、社会情感、身心健康等各方面的成长。构建和谐的家庭，需要为人父母者，有更加清醒的认识和强烈的主观意识。

我国现代著名画家、文学家、美术和音乐教育家丰子恺，从小生活在一个温暖的大家庭里，上有六个姐姐，备受宠爱，所以画出的画充满温情，笔下的动物都生趣灵动！温暖、亲密的关系，不仅能滋养孩子的心灵，还会为孩子美好的未来奠基。

特别是当妈妈的，更是营造家庭和谐氛围的关键人物。看不惯、不顺心时切忌动辄抱怨；更切忌把孩子当成维护面子、炫耀的工具，处处攀比，主导甚至限制孩子的思想和言

行。久而久之，要不就培养出唯唯诺诺毫无主见的孩子，要不就造成亲子关系紧张，剑拔弩张！当妈妈的要给孩子做榜样，管理好自己的情绪，把让孩子学会共情放在首位。这需要每一个妈妈不急不恼，耐下心来与孩子沟通，将信任与期待栽种在孩子心中。

走进小学、开启学习生涯的孩子，需要很快融入集体生活中，幼小衔接过程中，更需要当妈妈的细心体察、温情鼓励孩子去结交小伙伴，过好集体生活。

综上所述，就像孩子迈好入学第一步那样，当妈妈的也要迈好陪伴孩子成长的第一步。理性而坚定，温和而友善，定会顺应孩子天性，助力孩子阳光、健康成长。

白家庄小学　安海霞

如何做个好妈妈

做妈妈虽然不用上岗证，也不会下岗，看起来似乎很容易，但做起来难。做妈妈一定要思考：怎样做个好妈妈？我要给社会奉献一个怎样的孩子？我要给孩子一个怎样的未来？做个好妈妈，前提是了解孩子，重要条件是尊重孩子，而"会爱"是做好妈妈所需的一种能力，只有这样才能扮演好自己的角色。

社会在发展，人的思想也在进步。当今，不婚女性比例越来越高，"丁克"家庭越来越多。过去人们一直认为女人生孩子是天经地义的事，当妈妈也是很容易的一件事，为什么越来越多的女人选择了放弃？我也曾经问过身边"丁克"姐妹，得到的答案是：不怕生，而怕养，没有信心做个好妈妈，还不如不生。

一、做妈妈容易，做个好妈妈很难

不用上岗证，也不会下岗，能不说这是很容易的吗？进入21世纪，信息社会对人的素质要求越来越高，任何岗位都需要培训、考核，但似乎只有生养、教育孩子不需要培训，自动就会上岗而且不会下岗。

但是，做个好妈妈却没有那么容易。家长是孩子的第一任老师，也是最重要的老师。每个孩子都是父母的一件作品，培养出一个优秀的孩子，会让我家长幸福一辈子；遇到一个"问题"孩子，也会让我们头疼一辈子。所以说，一个成功、优秀孩子的背后一定有一位伟大的母亲，一个女人决定了一个家族的三代。

当今社会，面对新生代的孩子，作为妈妈一定要思考：怎样做个好妈妈？我要给社会奉献一个怎样的孩子？我要给孩子一个怎样的未来？

二、好妈妈的标准是怎样的？

好妈妈在孩子的眼中是世界上最漂亮、最有魅力，最值得自己骄傲的人；

好妈妈在孩子心中是最值得尊重，亲近而又敬畏，是未来想成为的人；

好妈妈在孩子的生活中是朋友、是知己，是心中有小秘密最想告诉的人。

好妈妈要走出这样的误区：

误区一：为了孩子牺牲自己的一切，在孩子小的时候成为孩子的"保姆"。

很多女人，在孩子小的时候认为自己的学历、工作、职位对孩子不重要，似乎给孩子呵护越多孩子认为妈妈越好。牺牲自己的一切认为都是为了孩子好。重要的是，孩子是这样认为的吗？

我家邻居有个六岁的小姑娘，总是称呼我"校长阿姨"。一天，孩子跟她妈妈在楼下玩，见我下班回家，猛然拉住我，非常认真地问了我一个问题：

"校长阿姨，您能给主席爷爷当夫人吗？"

我先是一愣，古灵精怪的小姑娘小脑瓜里在想什么？

我说："不能。"

小姑娘很认真地忽闪着大眼睛问："为什么呢？"

我说:"因为主席爷爷有夫人了啊!"

"噢!那等主席爷爷老了,退休了,您能给新主席当夫人吗?"

我说:"那也不行,因为我有丈夫呀!"

小姑娘很失望地说:"看来只能等我长大了!"

重点在后面。

我开玩笑地反问:"你为什么不让你妈妈给主席当夫人呢?"

小姑娘说:"我妈妈整天在家连班都不上,主席怎么会看得上她?"

这是我和一个六岁孩子的真实对话,这样的话孩子不会对妈妈讲,但是孩子的话是真实的。

孩子年龄虽小,但他们不仅需要妈妈生活上的呵护,更希望成为让他们骄傲的人。

误区二:为孩子拼命挣钱,母亲成为孩子的"提款机"。

在我儿子出国之前,我就听过很多妈妈对我讲,儿行千里母担忧,母行千里儿不愁。孩子主动和妈妈联系的时候一定是卡里没钱的时候,或者需要交学费了,或者生活费不够花了。每个孩子在父母心里都很重要,但我们做母亲的在孩子心里的位置不能只是"提款机",要让孩子有钱花的时候也要想起你。

随着孩子年龄的增长,孩子更需要的是父母给予他们精神上的滋养与支持，这就需要我们和孩子一起成长。

三、怎样做个好妈妈？

（一）了解孩子是做个好妈妈的前提

作为母亲我们每天跟孩子生活在一起，但是，我们真的了解自己的孩子吗？

我们眼睛所看到的未必是最真实的，每个孩子内心都有一个小宇宙。如果说，孩子是家长最熟悉的陌生人，那对于我们家长来说是最大的悲哀。没有真正的了解，就没有真正的教育；没有真正的了解，就不可能有亲密和谐的关系。

第一，了解孩子在想什么。

我有一个真实的案例。一个五岁漂亮的小姑娘，有段时间总跟妈妈说"想死"，妈妈气得不得了，求助于我。

我问小姑娘："你真的想死吗？能告诉我为什么吗？"

小姑娘认真地点点头，说："我想看看天堂什么样！"

很多妈妈每天晚上都是给孩子讲着美丽的童话故事哄孩子睡觉的，童话故事中的天堂都是美好的，如果我们真的了解孩子，就不会觉得孩子提出这样的问题有什么可奇怪的了。

我是这样回答小姑娘的："我们每个人从出生那天起就注定总会有一天会去看天堂什么样，当你看到天堂什么样的时候就再也感受不到人间的美好了。人生就短短几十年，我们还是先感受人间的美好吧，等老了的时候再去看天堂。"

小姑娘听了我的话，认真地点点头，此后就再也没提出死的事。

如果我们对孩子还不太了解，那就让我们走近孩子，走进他们的内心世界。了解是教育的前提和基础，没有真正的了解，不可能有真正的教育。

第二，了解现在孩子的特点。

不同时代的孩子身上带有不同的时代印记。"00 后""10 后""15 后"的孩子们被誉为数字化时代的原住民，他们有与生俱来的灵动，每个孩子都是一个小宇宙，都具有无限的潜能。

第三，了解孩子的需求。

良好的亲子关系不是"爱"而是"懂得"。做妈妈的要懂得孩子行为背后的需求是什么。在孩子婴儿时代，妈妈能听出不同的哭声代表什么需求，是饿了要喝奶，还是拉了尿了要换尿不湿；是困了想睡，还是醒了想要抱抱。而当孩子长大了，家长却忽略了孩子为什么有意招惹弟弟妹妹，为什么故意磨蹭不抓紧时间写作业，为什么会和家长顶嘴，等等。这些行为背后的需求是什么？

妈妈对于长大的孩子要给尊重、给信任、给空间，要和孩子做朋友，让爸爸妈妈成为孩子最信任的人，家是孩子最安全的港湾。从小在尊重、平等、安全的环境中长大的孩子，内心强大、明理、善合作，受欢迎。

（二）尊重孩子是做好妈妈的重要条件

尊重是孩子自信的重要来源，自信是成长的必备品质。

第一，尊重孩子的天性，允许孩子犯错误。

孙云晓老师曾经说，淘气的小子是好的，淘气的姑娘是巧的。做妈妈的不要怕孩子淘气，每一次犯错误，每一次试错，都会积淀为人生成长的经验。每一个人的成长都必然要经历试错的过程，小的时候是孩子最该犯错误的时候，如果我们不让孩子犯错误，那么这些试错的机会只能留给成年，成本太高了。一个孩子从小连错误都没有犯过，何谈创造力！往往家长剪断了孩子的翅膀，却责怪孩子不会飞翔。教育若水，顺性扬长。

第二，尊重孩子的人格，让他有担当。

每个孩子都是一个独立而完整的人，在我儿子十岁的时候，我们家里要买房子，我就跟儿子商量，儿子非常关心地问我："我们要买多大面积的？多少钱一平方米？"于是，拿出笔认真地去算一共要花多少钱。打那以后，我就发现儿子很少要求到外面吃饭，即使偶尔在外面吃，也把原来他最爱吃的六十八元一份的鹅肝，换成了二十八元一份的普通牛排。我问儿子："为什么？"他说："省点是点。"因为信任与尊重，让孩子有了这样一份担当。从小对家庭有担当的孩子，才能指望他长大对社会有担当。

第三，尊重孩子的选择，让他学会对自己负责任。

选择对于人来讲是一种重要的能力，不同的选择会决定孩子不同的人生。现在有很多成人会说，我有选择恐惧症，就是小的时候自己做主的机会太少了。我儿子从小学报不报课外班，到中考要报考哪所学校，到大学到哪个国家选择什么样学校去留学全部由孩子自己去选择，我们会给建议，最后还是让孩子自己做主，越是这样孩子在选择的时候越是谨慎，因为他知道要对自己的选择负责任。

（三）"会爱"是做个好妈妈的一种能力

爱孩子是母亲的本能，而"会爱"是一种能力，需要我们学习与修炼。都说母爱是无私的，母爱是伟大的，母爱是付出、是给予，那么，我们要给孩子什么？

第一，给孩子做榜样——成为孩子人生路上的导师。

希望孩子未来成为怎样的人，母亲首先要做好这样的人。父母是孩子的第一任老师，也要成为孩子人生路上的导师。

家长认识误区：教育是学校的事情，孩子上了幼儿园、上了小学，孩子教育就是老师和学校的事了。再好的孩子老师也只教六年，再差的孩子老师也有盼出头的时候。而对父母，好孩子让父母幸福一辈子，骄傲一辈子；问题孩子让父母操心一辈子，头疼一辈子。

教育不是说教，是言传身教和潜移默化，都说孩子是父母的一面镜子，为了孩子的未来也要做最好的自己。

第二，给孩子定家规，夯实做人的基础。

家规、家教对孩子是"养根""育心"的教育，正所谓"庄稼养根，育人养心"，只有根壮、心灵好、状态好，才能枝壮叶肥。

一年寒假，我们学校给孩子们留了一份特殊的家庭作业——绘制"家族根脉图"。孩子们对这项作业的热情以及作业完成的效果出乎我们的意料。既有"吃饭不许吧唧嘴、不许说话、不许自己爱吃的吃个没够"这类通俗易懂的；也有"欲做事，先做人"这样的至理名言；还有"诚实守信、孝敬长辈"等言简意赅的。不管家规呈现的形式怎样，我们发现家规好的孩子遵守规则的意识强，也能更快地融入社会，成为受人欢迎的人。

第三，给孩子好性格，好性格决定好未来。

孩子走向社会的竞争，拼的不是智力与学识，而是情商与领导力。做家长的要给孩子好性格，让他成为同伴中受欢迎的人。记得我儿子上小学和初中的时候，每次班里同学过生日，他都会给小伙伴准备一份小礼物，无论是自己画的画，还是旅游时买的小纪念品，总之一定会根据同学特点选一份他认为适合的礼物。有一年赶上儿子过生日，我开玩笑地问："同学都送你什么礼物了？"儿子很认真地告诉我："我忘了告诉他们了。"儿子的回答让我笑了好半天。打那以后，我每次外出也会带些小礼物回来给儿子备着。上了大学，每每同学过生日，他依旧会精心地为同学准备一份小礼物，每每自己过生日，他依旧会忘了告诉别人。现在，儿子大学毕业创业，过去的很多同学成为他最好的创业伙伴。

第四，给孩子陪伴一生的精神力量，以书为友。

每一个人的内心中都应该有指引自己前行的信仰。今天，当物质的匮乏不再困扰我们时，心灵的成长便成为生命的第一要务。

在"全民低头看手机"的时代，我们不禁要呼吁：放下手机拿起书吧，让阅读成为一种信仰，让阅读成为伴随一生的习惯。让阅读从我们每一个人做起，给个人以教养，给孩子以示范，给家庭以和谐，给民族以未来。四季都是读书时，让我们在书中相遇，让阅读成为我们共同的信仰。

结束语

女人，修炼自己，为自己，为家人，为孩子；

女人，扮演好我们人生中最重要的角色——母亲！

呼家楼中心小学　　马骏

与娃共读，相伴成长

身为父母，应该引导孩子阅读，与孩子共同去探寻、品味其中的快乐，最有效的办法就是与娃共读。家长可以通过创设家庭阅读氛围，共建与孩子共读的"场"，和孩子共同阅读同一本读物，且和孩子就阅读书目有所交流、互动，从而和孩子一起浸润心灵，发展思维，汲取成长的力量。

阅读，对于每个孩子而言，是一段愉悦心灵的精神之旅，是一扇认识世界的窗，是一种可持续发展的能力，更应该成为未来社会人的生活方式。但随着当今社会信息化发展的风起云涌，现代化电子设备的日益普及，微信、微博、网络小说的大量涌现，孩子们在课外阅读上也呈现出碎片化，时长短，喜图不喜文等阅读倾向，翻阅纸质书籍常常被手持电子产品玩网络游戏、刷短视频所取代。

随着《义务教育语文课程标准（2022年版）》的颁布，"整本书阅读"出现其中，特别明确"学会运用多种阅读方法，具有独立阅读能力。能阅读日常的书报杂志，初步鉴赏文学作品"，还规定在小学阶段学生课外阅读总量不少于145万字，其中一二年级不少于5万字，三四年级不少于40万字，五六年级不少于100万字；初中阶段不少于260万字。阅读整本书的紧迫性凸显出来。而作为家长，绝对是希望自己的孩子能与好书为伴，爱读书、乐读书，但似乎这只是一种期许，无从下手，力不从心。

其实，身为父母，在引导孩子阅读这件事上，并不是无迹可寻，只要有意愿，肯坚持，不把读书当作负担，而是与孩子共同去探寻、品味其中的快乐，孩子很有可能会出现让父母意想不到的欣喜变化。

那有没有什么好办法，家长到底要怎么做呢？当然有，最有效的做法之一就是家长与娃共读。

当家长与孩子共同阅读时，家长已经悄然从孩子课外阅读的监督者、指导者，化身为阅读的同伴。在童书面前，家长要抛开长辈的权威，成为与孩子身份平等的阅读者。在轻松的氛围中，家长和娃一起走进一本本童书。

家长可能还要问，那具体要怎么做呢？自己作为成年人，没有方法，没有空闲，没有耐心怎么办？是呀，与孩子共同开展课外阅读，看似简单的一句话，其实里面的门道有很多。家长们可以尝试着做一做，也许在付出行动后，有了一定的时间累加，就能品味出一些乐趣与成就感。

首先，创设家庭阅读氛围，共建与孩子共读的"场"。课外阅读切不可成为孩子的一种任务，更不能成为一种学习负担。在自然而然的阅读中，润物无声地让孩子感受到阅读的乐趣，有所收获。从家庭室内陈设上有意识地营造阅读氛围，比如：安置小书架、床头台灯，设立家庭读书角，将家庭成员近期阅读的书籍放在固定位置。除了物质环境的打造，家长精神层面的行动更为重要。坚持每天晚饭后全家不看电视、不动电子产品，各自阅读自己喜欢的书籍，哪怕每周有两三个晚上这样的时间安排。家庭成员以共同的行动带动孩子，让孩子感受到，阅读不是一种任务，而是我们生活的一部分。

其次，与孩子一起阅读，有共读的时段安排只是表层的亲子阅读。真正和孩子共同阅读同一本读物，且和孩子就阅读书目有所交流、互动，才是深度的更富价值的共读行为。家长们不妨尝试以下几种深度亲子阅读的行为：

一、轮流做好书"朗读者"

低年级的孩子，家长可以放声把童书读出来，随着孩子识字量的增加，可以采用家长、孩子交替朗读，合作朗读的方式，通过承担好书"朗读者"通过的家庭活动，把课外书通过有声的传播带入家庭。

二、共同设定阅读目标

家长可以先于孩子阅读某本童书，也可以同步和孩子开启阅读历程。但切不可将个人的阅读喜好、观点评价强加给孩子。家长和孩子可以就准备开始共读的书目协商选择，然后交流一下对这本书的阅读期待，共同拟订阅读的目标，比如预估的阅读时长，要关注书中的什么内容，可以就哪个话题后续开展交流，是否做读书笔记，等等。

三、思维培养助力深度共读

共读不仅仅是行动上的，还要有思维培养的嵌入。比如，低龄孩子的家长可以在给孩子讲绘本故事的时候，适时在某一页讲完不急于翻到下一页，而是创设一个猜测的机会，请孩子猜一猜后面会发生什么。预测的结果是否和故事一致并不重要，只是为了激发孩子的阅读兴趣，体验自己创作故事的乐趣。高年级孩子的家长可以将不同作家的语言风格、相同主题的作品进行对比，和孩子展开交流讨论，不论和孩子的观点是否一致，重在让学生自己思考、表达自己对作品的认识，这无形中培养了孩子思维的批判性和深刻性。

四、一起做一做阅读笔记

课外阅读的阅读笔记形式可以丰富多样，记录的内容不用过多，简洁明了，且不占用过多的阅读时间为宜。根据不同书目的阅读需要和收获，家长和孩子一起约定，不一定读了每本书都要有读书笔记。标注旁批、好书推荐卡、好词佳句积累本、写读后感等方式均可，关键是不能将其当作负担。

五、召开家庭读书分享会

很多家长总是抱怨不知道如何做高质量的亲子陪伴，其实共读童书就会给亲子时光提供一手的素材。定期或不定期举办一场围绕近期共读书目展开的家庭读书分享会，不仅能提升阅读的质量和深度，还能增进孩子与长辈间的情感，创设和谐融洽的家庭氛围。家长可以根据书目的特点，让家庭读书分享会的形式丰富多样。比如，读了《小猪唏哩呼噜》，和孩子一起选择感兴趣的章节排演一小段戏剧，制作小头饰扮演不同的角色；读《小兵张嘎》前，可以全家一起观看这部老电影，长辈和孩子分享自己当年观看时的感受，提升阅读期待；读了民间故事，可以召开"争做民间故事金牌讲述人"家庭大会，家庭成员分享各自喜欢的民间故事，并在讲述前共同制定好评选标准，大家共同朝着这个目标努力；读了冰心先生的诗集《繁星·春水》，可以召开一场家庭诗歌朗诵会，配乐、合作朗诵的形式不限，还可以锻炼孩子当小主持人，策划朗诵会的流程……分享会可以邀请邻里、孩子的小伙伴的家庭一起开展。

总之，家长应在陪伴孩子成长的历程中，和孩子共同阅读一本本耐人寻味的好书，一起浸润心灵，发展思维，汲取成长的力量。

北京第二实验小学　张建

让有效陪伴助力阅读

童年是一个人形象思维发展的最好时期，与孩子一同阅读，能拉近亲子关系，充分发挥孩子的想象力，培养孩子的专注力，提高孩子的听说读写能力，启蒙孩子的智慧。家长陪伴孩子阅读，需要正确的方式方法，孩子才会在阅读中收获更多样的阅读体验，为之后的独立阅读奠定坚实基础。

童年是一个人形象思维发展的最好时期，与孩子一同阅读经典的绘本、图书，能拉近亲子关系，充分发挥孩子的想象力、培养孩子的专注力，还能在这个过程中提高孩子的听、说、读、写能力，启蒙孩子的智慧。

陪伴是最好的教育。家长工作再繁忙，也要尽可能多地抽出时间，陪伴孩子一起进行阅读。陪伴不是简单地陪着，还需要正确的方式方法，这样才能使阅读有更多的收获。

学生阅读的过程，是跟随成年读者，一点一滴学习模仿的过程。在亲子阅读的过程中，要根据孩子的特点，不断地去发掘阅读方法。老师与家长在这个层面上更像是一种伙伴的关系，借助彼此经验的传递，使得孩子提高阅读兴趣与阅读品位。

家庭是阅读的重要场所，那么，家长应该怎样做到有效的陪伴阅读呢？在这里，我们以绘本《和甘伯伯去游河》为例，介绍家长在陪伴孩子亲子阅读过程中的一些方法。

在读题时，可以让孩子看一看封面的插图，猜一猜《和甘伯伯去游河》这本绘本，可能讲了一个什么故事？问一问孩子是根据题目或插图的哪些地方来猜测的？顺带让孩子了解绘本的作者是谁。

亲子阅读时，家长不要一味自己讲，要多与孩子互动。例如读正文第一页时，可以指着图画内容问孩子：这个人是谁？翻到第二页看到图上画着一条船时，可以让孩子猜一猜：

他有一条船，后边可能会发生什么故事呢？翻到第四页时，看到图中有两个小孩想要上船，再问问孩子，船上的这些人物之间会发生什么事呢？以此类推，让孩子一边观察图画（人物的表现、周围的环境等）一边阅读，再根据家长的提问，通过图画的提示猜测故事情节的发展。不一定每一页都要猜，和孩子一起阅读前，家长可以自己先看看书中的内容，在情节的转折处想好问题后再开始进行亲子阅读。

每一本阅读书籍都有需要传递的教育点，家长可以根据孩子的自身情况找到切入点，再去选择阅读方法。比如，有的书目是对孩子进行遵守纪律的教育，有的进行讲文明教育，还有的则是进行节约时间、坚持劳动等的教育。教育目的不同，亲子阅读的方法也就不同。

亲子阅读时，家长可以和孩子一起进行角色扮演，从而教会孩子分辨对错；也可以采用让孩子当个小裁判的方法，判断书中人物做法的正确与否；还可以选择带孩子亲自体验书中人物的经历，感受生活的多姿多彩，等等。总之，家长应该尽可能选择适合自己孩子的阅读方式。

低年级孩子进行阅读，除了了解故事情节，体验阅读快乐之外，还有一个重要的任务就是识字。家长在陪伴孩子阅读的过程中，可以一边读一边指着书上的文字，读到哪儿指到哪儿，指到哪儿读到哪儿。长期的耳濡目染，孩子的识字量会大幅增加。对于识字多的孩子，家长可以聘请他当个小老师，亲自读给自己或是其他同学听，当他遇到不认识的字时，家长可以告诉他这个字念什么，再和孩子一起把这个字圈出来，下回再看见这个字时就多读几遍。学完汉语拼音后，也可以鼓励孩子自己拼读出字音。长此以往，孩子认识的字也会越来越多。

家长的有效陪伴，就是让孩子在大人的陪伴下进行无压力的阅读。低年级的孩子是在用身体阅读，他们的阅读不是理性的、逻辑的，而是感性的、活泼的。亲子阅读时，家长要充分考虑到低年级孩子的这种阅读特性，采用多种方式，引导孩子参与阅读。这样，孩子们才会在阅读中收获更多样的阅读体验，并为今后的独立阅读奠定坚实基础。

北京市东城区培新小学　韩颖

自我成长篇

小妙招让孩子赢在社交起点

怎么引导孩子快速适应新的环境，相互尊重并友好相处，是一个值得家校共同关注的话题。小学是孩子社会化的重要阶段，社会交往是一个重要话题，如何在公立学校环境中和不同性格特点的同伴相处需要正确的引导，家长应掌握一些小技巧，积极进行亲子互动，传递榜样的力量，不要总想着给孩子出头，从而对孩子的社交产生积极影响。

心诚色温，气和辞婉，必能动人。

——薛瑄

以势交者，势倾则绝；以利交者，利穷则散。

——王通

儿童社交八问：

1. 社交和家庭有什么联系？
2. 为什么说家庭是社交的起点？
3. 孩子是如何学会与他人交往的？
4. 社交对于儿童而言意味着什么？
5. 为什么孩子有"社恐""社牛"之分？
6. 孩子为什么会接受并信任素未谋面的小朋友？
7. 孩子是如何学会享受陪伴并主动关心、帮助他人的？
8. 想要让孩子赢在社交起点，作为父母我们应该怎么做？

让我们带着这些有关儿童社交的思考，进入本文。

怎样引导孩子快速适应新的环境，相互尊重并友好相处，是一个值得家校共同关注的问题。小学是孩子社会化的重要阶段，社会交往是一个重要的话题，如何在公立学校环境中和不同性格特点的同伴相处需要正确的引导，让孩子知道每个人都是独特的个体，需要相互尊重，主动与同伴建立友谊。

儿童的性格各异，有爱表现的，有较为内向的，有动作快的，有慢条斯理的，有相对敏感的，有大大咧咧的……性格是每个孩子的气质，没有好坏之分，但当性格投射为社交偏好和习惯时，孩子便有了受欢迎与否之分。

有的孩子在家活力十足，在外想交朋友，却表现得胆小，躲在家长和老师身后，不敢迈出与同伴交往的第一步；有的孩子在家温顺、乖巧，但在外却蛮横霸道，以自我为中心，管理不好自己的小嘴巴、小拳头，在语言上攻击、肢体上控制其他孩子；有的孩子自我封闭，在家不亲父母，在外不交朋友，独来独往，仿佛孤岛一般，不与他人相处……为什么会这样呢？

归结起来，这样的孩子在社交上遇到了困难。人是社会型生物，基因中有对社会交往的需求，缺少情感互动的孩子，不仅容易出现心理问题，还有可能招致负面评价，进而形成恶性循环。

木讷和耿直是和情商高、共情能力强相对的。社会交往的情况不仅对一个人当下的生存状态有影响，更影响未来的人际关系。

一年级的依依，刚开学不久就尿了几次裤子，因为不敢和老师沟通，后面又出现了很多类似的情况。上课从不举手，眼神飘忽不定，经常望着窗外发呆；面对提问总是一言不发；课间休息时总是化身为旁观者，在角落里看着其他同学玩游戏。

老师和同学总想和她友好交流，但似乎从未走进她的内心，不管外界如何，她的表情始终没有变化，情绪也好像没有起伏。是孩子的情感迟钝吗？是这样的孩子有孤独症吗？

身教往往比言传更重要。依依的母亲总当着依依的面说她是"社恐"，将她和"社牛"的孩子做对比，神情和语言里充满了焦躁和厌烦。依依的母亲似乎更喜欢评价，看到的都是孩子的表现，却没有想过社会交往也是需要指导的，忽视了孩子是怎样学会与人交往的。

孩子不社恐的基础是家庭能给予孩子这样一种潜在的认知：我值得被别人喜欢，其他人值得我去信赖，社交不会尽如我意，但却是一件美好的事情。

这样潜在的认知是怎样植入孩子内心的？答案是亲子关系。让孩子知道社会交往意味着友情、快乐、挑战、惊喜，而非压力、比较、尴尬和痛苦，社交是一件正常而简单的事情，是每个人都需要的，而非高难度的。

学习是一个模仿的过程。家庭和社会，社会关系和亲子关系在社交方面有许多共同点，它们的基础都是信任，它们的核心都是关系，它们的本质都是释放与满足自己和他人的情感需求。

我们很容易发现这样一个规律：当一个孩子家庭稳定、

关系和睦，积极进行亲子互动，孩子即便偏内向，也愿意信任他人，即便慢热，也能凭借自身性格、品格、能力方面的魅力吸引同伴，积极参与社交活动，受同伴喜爱，感受社会交往的快乐，成为小"社牛"。而在家庭中被视作权力中心，或是被边缘化的孩子，往往在和同伴交往时表现出极强的控制欲或自卑心，不受同伴喜爱，经营友情方面出现困难，不自觉地将内心的痛苦转化为哗众取宠或是抑郁，不能正常地表达自己的需求。

当孩子抑郁内向的时候，环顾家庭，找一找打压他的人。当孩子伤害或欺负其他孩子的时候，不要得意，觉得孩子厉害一点不容易吃亏，实际上当孩子习惯了通过抢夺、蛮横、哭闹，甚至是暴力获得便利和优待的时候，尊重在他们的心中已经荡然无存。

当同伴在孩子面前变成和自己比较的对象，他们就是绊脚石、障碍物，变得可怕，不值得交往或信赖。当孩子对社交充满敌对和恶意，就出现恶意破坏对方的物品，攻击他人的身体的情况。不将萍水相逢的小伙伴当作潜在的好朋友，被同伴抛弃便变成了早晚的事。

在这些悲剧中，父母有着不可推卸的责任。既然家庭是孩子社交的起点，那么如何利用好的亲子关系，使之对孩子的社交产生积极影响呢？这里分享三大步骤和十个小妙招，帮助孩子赢在社交起点。

第一步，积极进行亲子互动

为什么孩子总是更加依恋妈妈呢？除了妈妈陪伴的时间更长，更多的是妈妈更能细腻地捕捉孩子内心的感受。孩子在建立关系的过程得到理解和快乐，依恋就在孩子和妈妈之间进行着成千上万次的互动，进而使母亲和孩子形成稳定的关系。

建立了安全感的孩子，便能有懵懂的期待和好感，很快，孩子就会将这种稳定的互动模式迁移到家中"不解风情"的家人身上，之后便会将这样的相处模式延伸到社交之中。

乐乐无心撞到了妈妈的孕肚，不知所措，妈妈一手捂着肚子，一边将乐乐的小手放在肚子上对他说："妈妈知道你是不小心的，但这个小家伙还不知道呢，他应该还在痛呢。"乐乐看着妈妈一下红了眼圈，摸着妈妈的肚子，道歉道："对不起，我下次一定小心一点，我给你讲个小故事，这样就不疼了。"说完，把小嘴凑到妈妈的肚子前，讲起故事来。

妈妈在面对孩子的错误时没有责骂或是袒护，既然孩子是无心的，那么教会孩子怎样处理和避免问题，比批评重要得多。孩子在有安全感的环境下成长，习惯了进行正向的情感互动，不会刻意逃避责任，反而会温情地换位思考，不知不觉间，孩子的同理心一点点增强，共情能力、交际力也逐渐提高。

自我成长篇

第二步，传递榜样的力量

家人的社交方式是孩子学习社交的一手材料。父母如果有积极回应身边人的习惯，孩子大概率也会模仿这种社交示范。相反，如果孩子接触到的经常是冷言冷语、阴阳怪气，甚至是冷暴力、侮辱、斥责，孩子也无法学会好好说话，真诚待人。想象一下，如果你带着防御和警惕进入社交圈，是否也会杯弓蛇影？

回到文前提到的现象，为什么有些孩子在家里和在同伴面前的表现不一样，过于内向，或是过于跋扈，走向社交极端呢？

如果父母对他人的评价总是负面的，孩子在面对素未谋面的同伴时便会进行消极的社交预判，怀疑、警惕、猜忌、不愿接受，本能拒绝他人的示好，表现得封闭、木讷。有家长担心这样的孩子被欺负，甚至是被孤立，却没有在孩子心里种下一颗积极社交的种子。

如果父母在家庭中总是操控孩子，阴晴不定，强势霸道，孩子在父母面前虽然温顺，却容易在和同伴交往时，激活想要控制同伴的意识，乖张跋扈。很多家长在听到学校老师和同学对孩子的评价时大为震惊，觉得他们描述的孩子与自己的孩子大相径庭。其实孩子的表现，在家庭之中早能见到雏形。

当孩子在稳定的家庭关系中获得交往的自信，他也会乐于相信：在家庭以外的交往中，同伴也会给予他们同样的帮助，于是，在社交中他们更愿意主动释放自己的善意，因为他总被善待。

第三步，不要总想着给孩子出头

我们在看待孩子的社交时是否戴着有色眼镜，错误地认为自己的孩子是"罪该万死"的始作俑者，抑或是无辜躺枪的倒霉蛋？

父母的武断经常引爆孩子，让受了委屈的孩子愤愤不平，越想越气，迫不及待地想要反击；让自知理亏的孩子极力辩解，声嘶力竭，欲盖弥彰，恼羞成怒……

孩子学习社交就好像是学习游泳，一开始需要救生衣和泡沫板，家长要给予言语的支持和眼神的鼓励，随着孩子的成长，他们会慢慢卸下装备，从浅水区走向深水区，这也意味着孩子社交圈已经扩大，家长该从私人教练，变成安全员，当孩子遇到社交危机的时候再出现。

华华因多次不告而取，受到了来自同学的负面评价，回家后他大哭不止，华华的妈妈便第一时间赶到学校理论，认为小朋友即便有错，同伴也应该包容和帮助，怎么能当面指出他的错误呢？试想你是华华的班主任，面对来势汹汹的母亲做何感想？

共情最重要的不是解读或推波助澜，而是倾听，能适时点拨、鼓励一二最好，如果不能，就控制住自己的表达欲。带入个人情绪不仅会打击孩子与人交往的信心，也会引爆更多的负面情况，将孩子置于尴尬的境地。和学校理论后，即便小朋友和华华道歉了，之后呢？

将自己的人生经历和孩子的社会交往进行简单的对应，是过度解读，而非明智之举。永远记住：在孩子的社交圈里，父母可以全身而退，但孩子不能。

再看华华妈妈的做法，如果华华是你的孩子，怎样做一个合格的安全员，帮他巧妙化解社交危机呢？或许看到这里的你已经有了更加睿智的选择。

下面分享一些小妙招，让我们的孩子赢在社交起点。

1. 创造集体活动的机会，培养孩子的社交力。如举办简单的生日会，主动邀请小伙伴去公园、游乐场玩，制造和小兄弟、小闺密社交的机会，让孩子体验并熟悉社交的感觉。

2. 让孩子在同龄人中有价值感。如为过生日的同学写贺卡，主动帮助同伴解决难题，搬运物品等。

3. 教孩子学会分享，感受分享的快乐和意义。如送出一张可爱的贴纸、和同学互换好用的铅笔、邀请同学品尝生日蛋糕等。

4. 培养孩子时刻关注自己的习惯，吸引优秀的同伴，不是靠小恩小惠，只有提升人格魅力，让同伴看到你身上他们所没有却向往的品质，用好的品质感染他人、带动他人才能拥有铁哥们和小闺密。

5. 用好的表达呈现好的想法。好的情绪和好的想法需要好的表达。表达能力强的孩子在同伴交往中更有自信，也更容易获得领导力和追随者。

6. 让孩子参考家长成功或失败的社交案例。明确：我们无法和所有人都成为好朋友，要学会换位思考和接受失败。

7. 不轻易打断他人说话。告诉孩子"智者先思而后研"的道理。认真倾听他人发表意见，再表达自己的见解，这不仅是高情商的表现，更是一种修养。

8. 重视眼神交流和肢体语言。一个真诚的眼神，一个温暖的举动都能让同伴内心暖流涌动，互动随时随地都在发生。

9. 把礼貌用语挂在嘴边。"谢谢"是情谊和感恩，"没关系"是宽容和豁达，语言文明、举止得体是一个人最好的名片。让孩子知道：尊重他人，别人才会尊重我们。

10. 良言一句三冬暖。多赞美同伴好的行为、品质。社交的本质是关系，别让孩子吝惜发自内心的赞美。

北京市海淀区玉泉小学　王红艳

错着、错着、错着，就对了！

一想错了，那是常态。差错常常先于正确来到人们的面前，错了没关系，只要不放弃。错着、错着、错着，就对了！从事物发展的普遍规律来看，差错总是先给我们一份荒谬，两份不幸，然后再给我们三份收获，四份欢欣。从主观能动的角度来看，只有充分发挥主观能动性，才能得到更好的效果。从环境育人的角度来看，包容、宽松的环境更容易推动成功。

暑假我回到老家江苏乡村看望长辈。

在姐姐家吃完午餐,我们坐到巷子里喝茶。巷子里,凉风习习,荷香缕缕,完胜空调房间,令我油然想起辛弃疾的《清平乐·村居》——"茅檐低小,溪上青青草。醉里吴音相媚好,白发谁家翁媪?大儿锄豆溪东,中儿正织鸡笼。最喜小儿亡赖,溪头卧剥莲蓬。"

哥哥的孙子秀沅7岁了,挺活泼,真是"最令人欢喜是小儿的调皮神态"。我根本没想到小孙子会伸手端起茶杯:"二爷爷,喝茶!"我吓了一跳,赶紧接过茶杯,摇着头,满眼怜爱地对他说:"这事,你不能做。万一烫了,怎么得了!"哥哥也用责怪的目光看着孙子。我摸着秀沅的头,说:"不过,我感受到了秀沅的热情和孝敬!"小孙子微微点头,眨了眨眼睛。

我说:"秀沅,你看看哥哥身上的伤疤——"姐姐的孙子袁健 12 岁,露出了以前烫伤留下的疤痕。秀沅看了看,瞪大了眼睛,乖乖地说:"我知道了。"

我们继续聊天。忽然,秀沅问我:"二爷爷,你今年多大?"我答道:"56 岁。"秀沅仰着头,满脸思考的样子:"二爷爷再过多大是 100 岁?"我们都笑了,没想到他会问出这么"高情商"的问题。

秀沅认真地说:"4 岁。"我们不作声。他摇摇头,自言自语:"不对。"继续思考了一会儿,他说:"我不会算。"

100 减 56,是连续退位减法,人教版教材是在二年级上学期呢,对一年级学生来说,确实是有难度的。

我鼓励说:"秀沅,错了也没关系啊,想想可能等于多少?"

秀沅抓抓脑袋:"14 岁。也不对。"他仰着头,自言自语:"56 岁,那就 102 岁了,也不对。"

我暗暗高兴,秀沅想得挺好:他是觉得 4 和 14 都离 100 太远了,于是,从另一个方向来猜想和验证。56 加 56 应该是 112,他少了进位,就成 102 了。我心想:"你怎么不猜 54,然后再验证呢?"但我说出来的是:"咦,秀沅想得好!"我微笑着点头,很是欣赏地看着秀沅。

秀沅眼睛一亮:"二爷爷,99 减 56。"山重水复疑无路,柳暗花明又一村啊!我真没想到秀沅会想到这种方法,人教版、苏教版教材上都没有这种方法。我惊喜地看着秀沅:"咦,秀沅想得太棒啦!等于多少?"我要看看他,知道不知道还得再加上1。秀沅用手在膝盖上写竖式,99-56=43,然后告诉我:43+1=44。

一家人都为秀沅的表现而鼓掌。秀沅志得意满,频频点头,左顾右盼。虽然他在班上数学成绩只属于中上游,但他爸妈肯定告诉过他,二爷爷的数学教得好,我想,此时此地,在秀沅的心里,他就是"世界冠军"。

我十分好奇秀沅是怎么想到这种特别方法的。于是,我自言自语:"咦,秀沅怎么会想到这种巧妙方法的?"秀沅自豪地告诉我:"二爷爷,99最靠近100啊!"而我预料的答案是"99减56好减啊"。

估计秀沅看出了我的惊讶,又说:"二爷爷,不光是99,98也行。"他还能举一反三?我说:"咦,怎么行?等于多少?"秀沅又在膝盖上写竖式,然后说:"98-56=42,42+2=44。"

一家人再次为秀沅鼓掌。

秀沅一发而不可收:"97也行,97-56=41,41+3=44。96也行,96-56=40,40+4=44。"

我外甥看着秀沅的表现,乐得合不拢嘴。

我接过来:"咦,95呢?"秀沅说:"95不行,不好算。"

教科书上是连续退位减法,也就是连续借"1",而秀沅

自我成长篇 / 291

是一次直接借来"99（98……）",实现一次退位。

"秀沅真会动脑筋,能想得这么清楚,实在不简单!虽然算法不同,但结果都是再过44年我就100岁了。完全正确!"我满意地微笑,摸摸秀沅的头,他幸福地往我身边靠了靠。

我继续引导:"咦,秀沅,开始想的4岁,为什么错啊?"当时我想,如果开始我回答秀沅"我57岁",那秀沅就会想到"3岁"。然后再算出正确答案是"43岁"。回头一看:秀沅开始想的"3岁"也不是一无是处的差错。而现在是"44岁"和"4岁",如果我问秀沅,开始想的"4岁"是"44岁"中的哪个"4",是个位上的,还是十位上的?对一年级小孩来说,这个问题有些难。因此,这个问题就不问了。教是为了学的开始,如果教不能导致更好地学,那么就不必教。

秀沅一本正经地说:"56+4=60啊,所以不对。"

我点点头:"那60到100,还差多少?"

秀沅想了想,答道:"40。"

我不说话,看着秀沅,等着他自己思考。

秀沅的眉毛一挑,眼睛又亮了:"40+4=44。"

我哥哥也没有想到可以这么想,听了孙子这么一说,他眉开眼笑。

我微笑着说:"秀沅,你看,你开始想的4岁,并不算错。如果你继续想下去,就会对了。"

秀沅像个小大人一样,懂事地点点头。他大概不知道二爷爷一贯主张"错着、错着、错着,就对了"。那我该不该告诉他呢?老子说:"为无为,则无不治。"还是让他慢慢感悟更好。

巷子里,凉风更爽,荷香更幽。

我还想享受孙子的智慧,于是,我说:"秀沅刚才想得真棒啊,二爷爷都没有想到!咦,我也有一种不同的方法,你能不能想到?"秀沅来劲了:"二爷爷,让我想想。"

秀沅想了想,摇了摇头,说:"我不会了。"我鼓励说:"咦,你应该会啊!你刚才是觉得100不好算,想成99的。现在想56……"秀沅的眼睛又亮了:"二爷爷,100-50=50,50再减6等于44。"

"咦,我就是这么想的!"一家人第三次为秀沅鼓掌。

哈哈哈,这是现代版的含"咦"弄孙。

"咦"的内涵十分丰富,可以表示感叹,可以表示嘲讽,可以表示惊讶。含"咦",既有"怎么办呢"的困惑,也有"这真是太有趣了"的惊讶,还有"这是怎么回事呢"的思索。

含"咦"促进了思维的启动和深化,改善着对话双方的交往走向。

含"咦",其实也是含错,包容差错,延时评价,引而不发,期待"再创造"。差错提供了一个反思的契机,含"咦"促成了自我解惑。

一想就对，那是神童。不过，那种对，一定有价值吗？会不会是伤仲永？有一种成功是有效成功，还有一种成功是无效成功；有一种失败是无效失败，还有一种失败是有效失败。如果孩子一生下来就会走路，那很可能摔倒了就爬不起来。

想了必对，那是枷锁。试问，如果强求正确，还有几人敢去尝试，敢去创新？不给孩子摔倒的机会，孩子永远不会走路。

一想错了，那是常态。差错常常先于正确来到人们的面前，错了没关系，只要不放弃。错着、错着、错着，就对了！

秀沅为什么能"错着、错着、错着，就对了"？缘由似可有三。

第一，从事物发展的普遍规律来看。

老子说："反者道之动，弱者道之用。"所有事物都是对立统一的，差错中有错，也有对。化错教育就是要致力于彰显差错中的正确，也就是《学记》中倡导的"长善救失"，长善是为了救失，长善就能救失，长善必须救失。通过学习者评估自己的表现，思考改进方案，把正确的因素不断放大，锲而不舍，错着、错着、错着，就对了。这就是由量变到质变的过程。

没有错，哪有对？！我们可以回想，哪位科学家、发明家不是这样"错着、错着、错着，就对了"？屠呦呦获得诺贝尔奖的青蒿素标号是"191"，就是为了昭示人们，这成功的前面有190次错误。

差错总是先给我们一份荒谬、两份不幸，然后再给我们三份收获，四份欢欣。但如果我们没有"让差错多飞一会儿"，就会与"收获""欢欣"失之交臂。

第二，从主体能动的角度来看。

我能真切地感受到秀沅是喜爱二爷爷的，这个问题是秀沅自己提出来的，他自己又迫切地想解决这个问题。我们的等待、鼓励与期待，让秀沅的大脑始终处于高速运转的状态，不断挑战自己的思维极限，不断改写自己思索的历史。

据说，美国芝加哥大学对学生的基本要求是"做你不会做的事"。这种看上去有悖常理的人才选拔和培养理念，保证了芝加哥大学出类拔萃人才的培养质量，形成了举世闻名的"芝加哥学派"。

"不会做的事"，不一定是"出差错的事"。但"出差错的事"，一定是"不会做的事"。恩格斯说："最好的学习是从差错中学习。""错着、错着、错着"本身就是一种挑战，百折不挠，错了还能坚持，对自己就是一种肯定。

秀沅的表现让我想起陶行知先生到武汉大学做演讲的故事。陶先生走上讲台，不慌不忙地从箱子里拿出一只大公鸡。台下的听众全愣住了，不知陶先生要干什么。陶先生从容不迫地又掏出一把米放在桌上，然后按住公鸡的头，强迫它吃米。可是大公鸡只叫不吃。怎么才能让公鸡吃米呢？他掰开公鸡的嘴，把米硬往鸡的嘴里塞。大公鸡拼命挣扎，还是不肯吃。陶先生轻轻地松开手，把鸡放在桌子上，自己后退了几步，大公鸡自己就开始吃起米来。这时陶先生开始演讲："我认为，教育就像喂鸡一样。先生强迫学生去学习，把知识硬灌给他，他是不情愿学的。即使学也是食而不化，过不了多久，他还是会把知识还给先生的。但是如果让他自由地学习，充分发挥他的主观能动性，那效果一定好得多！"

由此，我们也可以看见新数学课程标准把"两能"（分析问题、解决问题）发展到"四能"（发现问题、提出问题、分析问题、解决问题）的价值。毫无疑问，学生"发现问题、提出问题"的能力提升了，学习力就提高了。

第三，从环境育人的角度来看。

我们一家人对秀沅差错的包容、等待、引导、鼓励和肯定，这些都促成秀沅正确解答的诞生。

"教育即解放。"倘若大家都能接受"错着、错着、错着，就对了"，那就离陶行知先生的"六大解放"不远了——解放他的头脑，使他能想；解放他的双手，使他能干；解放他的眼睛，使他能看；解放他的嘴，使他能谈；解放他的空间，使他能到大自然大社会去取得更丰富的学问；解放他的时间，使他做自己喜欢做的事——我们就能享受到更多的童心智慧。

这样信奉"错着、错着、错着，就对了"，在孩子面临陌生的问题时，才会以从容的心态，以能力所及的、看似"拙"

的方法，一步一个脚印地去尝试探究，最终让孩子在自我感悟中获得真知和巧思，而不是死套类型，硬搬现成的口诀、公式，糊里糊涂地"走捷径"。

一想就对，并不值得羡慕，那是天赋。错了还能坚持想下去，才值得敬佩，这必须依靠坚强的自信和毅力。这样教育出来的孩子，将来步入社会，才不会惧怕风雨与坎坷，才会不惜走一段弯路，以丰富自己的阅历，获得人生智慧，懂得通过诚实劳动，艰苦奋斗，创造美好生活，才能体悟到"幸福都是奋斗出来的"这一人世间的真谛。

北京第二实验小学　华应龙

同伴交往中问题的解决

孩子上了小学之后,当与同伴交往出现问题时,作为家长首先要保持冷静,静下心来问清事情的缘由;其次要与老师取得联系,倾听老师的建议;再次要相信孩子处理问题的能力,不要把孩子之间的问题升级成家长之间或家长和老师之间的矛盾。家长的态度对孩子来说是一个重要的信息传递,所以家长要理智地面对问题。

每个孩子都想有好朋友，也都愿意交朋友，上了小学之后，当孩子与同伴交往出现这样或那样的问题时，我们作为家长应该如何面对？又应该怎样引导孩子呢？

问——家长要先保持冷静，静下心来问清事情的缘由。我们一定不要带着情绪去问，家长最开始听说这件事情的时候可能会非常紧张，甚至担心、愤怒，当我们带着情绪去问的时候，往往会因为家长的情绪化的介入而让原本简单的孩子之间的事情变得很复杂，最终双方家长可能都是在宣泄自己的情绪，而最终伤害的是孩子之间的相处。所以，如果当时家长自己是有情绪的，那一定要先平复一下自己的情绪再去问和解决问题。

听——要与老师取得联系，倾听老师的建议。在解决问题的过程中一定要记得站在孩子的角度去解决问题，可能很多家长遇到孩子们交往时出现的问题，要么会觉得自己的孩子受了委屈，既心疼又生气；要么会因为对方家长的态度而使自己愤怒，这个时候家长往往忽略了当事的孩子对这件事情的感受是什么，他们的想法是什么，作为家长，我们的介入到底能够帮助孩子学会什么。所以，要与老师取得联系，倾听老师的建议，寻求老师的帮助。

化解矛盾——要相信孩子处理问题的能力，不要把孩子之间的问题升级成家长之间或家长和老师之间的矛盾。相互尊重是最重要的原则。在这个问题之中，如果我们的孩子有错误之处，那我们一定要鼓励孩子勇于承担自己的错误，并且尽自己最大的努力去修复和弥补。如果我们的孩子可能是受伤的这一方，我们也要告诉孩子，每一个人都会犯错，别人会犯错，我们自己也会犯错，犯错了没有关系，他这一次犯错不表示他这个人永远都会犯错，只要他勇于承担并且努力地去改正，那你们以后还是好朋友。我们用这样的方式教给孩子什么叫作宽容，以这样的冲突提升孩子人际交往的能力，当下一次再面对类似事情的时候，他们会拥有恰当解决问题的能力。

孩子与同伴交往中的矛盾和难题，是孩子成长过程中正常地发展人际关系必不可少的路径，也是培养孩子豁达、友善品质的土壤。家长的态度对孩子来说是一个重要信息的传递，所以家长要理智地面对问题。祝福孩子们在小学的生活中都能拥有宝贵的友谊，并且成为他一辈子的宝贵财富。

北京市东城区培新小学　李建丽

如何提高小学低年级孩子的学业自信

对于刚刚踏入学龄期的小学低年级学生的家长而言，培养孩子的学业自信往往让家长感到迷茫。学业自信心指的是学生对自己学习能力和利用自己的学习能力完成学习任务的主观判断和评价。学业自信的培养，对于孩子一生的工作、社会适应和幸福生活都举足轻重。而提高孩子的学业自信，需要找到孩子的能力优势，可以通过"小步子"辅导法塑造自信，通过睡前总结，自我比较，更能看到进步。

先跟家长们分享一个小故事。有一天我带着孙女在公园玩时，听到有一对夫妇聊起了"别人家的孩子"，描述那个小孩是多么主动学习，多么自信、自律，在这个孩子的眼里好像就没有什么不可能完成的任务，非常自信阳光、勇于尝试。其实这对夫妇谈到的就是很多家长非常羡慕的"别人家的孩子"身上的一个非常重要的品质，学业自信。这样的自信是怎么建立起来的？如何培养孩子的学业自信呢？对于刚刚踏入学龄期的小学低年级学生的家长而言，这个问题往往会让大家感到茫然。本文，我们将共同探讨什么是学业自信，它在孩子的学习乃至人生中起着怎样的作用，以及如何在亲子互动中有效培养孩子的学业自信。

一、是什么：何为学业自信

在心理学的研究中，学业自信心对应的专业术语是学业自我效能感，指的是学生对自己的学习能力和利用自己的学习能力完成学习任务的主观判断和评价。举个例子，有些同学会说，"我就不是学数学的料"，这就是对自己的学习能力缺乏信心的表现。另外，则是做出这样的努力能不能带来好的结果。比如，有些同学会说，"无论我投入多少时间，我的成绩都不会有很大提高"，这就是对学习行为所带来的结果缺乏信心。

要深入理解学业自信，就要对它的上位概念——自我效能感有一个全面的认识。美国心理学家班都拉于1977年首次提出了自我效能感理论。基于行为主义心理学的理论（三元交互决定论）及认知心理学的影响，班都拉提出了自我效能感的概念。他认为，所谓自我效能感，是指"人们对自身能否利用其所拥有的技能去完成某项工作行为的自信程度"。

在班都拉的概念的基础上，一些学者基于自身研究对自我效能感的概念提出了新的解释。斯塔科维奇和鲁森斯于1998年从组织行为的角度重新界定了自我效能感："自我效能是指个体对自己能力的一种确切的信念（或自信心），这种能力是自己在某个背景下为了成功地完成某项特定任务，能够调动起必须的动机、认知资源与一系列行动。"

需要指出的是，自我效能感既非技能，也不是指个体的真实能力，而是个体在完成特定任务时对自身能力的自信程度。一般来说，自我效能感只是针对特定的任务或领域，而非个体的一般个性特征。班都拉认为，由于不同的任务领域所需的能力有很大差别，针对不同的任务领域，个体的自我效能感是不同的。因而，并不能笼统地说个体的自我效能感低或高。我们在本文中所探讨的学业自信，即学业自我效能感，就是聚焦了学习这一具体的任务领域。

二、为什么：学业自信的重要性

对自己充满信心，确信自己通过努力能够达到预期目标的孩子，会有更多的积极情绪，这种积极情绪又会促进孩子自己更关注自己的成长与收获这类积极因素，如：通过自己的努力掌握了什么知识和技能；而不是盲目地夸大自身的不足与学习任务的艰巨，如：动作慢、作业多。同时，能更好地面对学习压力和挑战，进而真正提升学习能力。所以说，学业自信心对我们"学得好，学得开心"都很重要。长远来看，这种学业自信的培养，对于孩子一生的工作、社会适应和幸福生活都举足轻重，而在小学低年级阶段，培养孩子的学业自信，就成了我们在学校和家庭的学业辅导中需要重点关注的问题之一。

三、怎么做：如何提高孩子的学业自信

学业自信有很多来源，最主要的来源是孩子自身的成败经验。孩子在实际生活中学得怎么样，如果成绩一直比较好，或孩子认为自己在进步，那么会更容易有信心。当我们看到能力与自己相近的其他人获得成功的时候，也会增加信心。他人言语的鼓励，对孩子的认可，特别是权威人士的鼓励和认可会提高孩子的学习信心。此外，当我们处于比较高昂的情绪状态时，我们会更自信。

那么，我们家长在每一天的居家学业辅导、每一刻的亲子互动中，如何培养孩子的学业自信呢？下面，就让我们一起来共同了解一下提升"学业自信"小妙招，做孩子优点的"放大镜"吧！

（一）找到孩子的能力优势

学习，绝不只是学科知识的学习，应包括德、智、体、美、劳各方面的学习和活动。作为家长，尤其是小学低年级孩子的家长，孩子尚处于探索发展的阶段，应引导孩子广泛尝试，帮助孩子找到优势能力。当孩子发现自己对某一方面格外感兴趣，学习起来比别人省力且效果好，那么就更容易获得自信，这种自信也更容易迁移到学习及生活的各个领域。一旦找到了孩子的优势成长通道，成长往往就发生在不经意之间。

在探讨具体的方法前，让我们先共同学习一个心理学的经典理论——多元智能理论。多元智能理论由美国教育心理学家加德纳提出，加德纳的研究表明，人类至少有八种不同的智能，而这八种智能在每个人身上以不同方式、不同程度的组合使得每个人的能力各具特点。这八种智能分别是——言语语言智能、数理逻辑智能、视觉空间智能、音乐韵律智能、身体运动智能、人际沟通智能、自我认识智能和自然观察智能。因此，对于个体而言，不存在简单的谁比谁更有能力的问题，只存在个体在哪个方面更有能力，以及怎样表现能力的问题。

让我们通过一个亲子小游戏，帮助孩子找找"我的八色花"吧！

【亲子小妙招】——我的八色花

请家长和孩子一起，在八个花瓣上分别写下：数学能力、语言（语文、英语）学习能力、音乐能力、空间（绘画、方向感等）能力、身体运动能力、人际交往能力、自我反省能力、自然观察能力八个方面的能力（可用拼音，如孩子不是很明白某一个词的意思，请家长举例解释）。

结合自己对自己的了解，给每一个花瓣涂色，涂的面积越大代表自己这个方面的能力越突出，颜色可以任选。涂完之后，孩子会对自己的长处和优势有一个新的认识。同时，家长可以和孩子进行讨论，孩子的哪些能力值得你点赞？并举例说明。

能力一：　　　　　举例：
能力二：　　　　　举例：
能力三：　　　　　举例：

（二）"小步子"辅导法塑造自信

给孩子设置的学习目标要合理，确保孩子"跳一跳"能够得到：学业目标要求过低，孩子无法体会到努力带来的成就感；要求过高，会直接导致孩子的挫败感，久而久之易丧失自信。那么，怎样能做到合理和适当呢，下面给家长们分享一个方法——"小步子"辅导法。

对于小学低年级的孩子而言，老师布置的学习任务适合于班里大多数孩子，对于学有余力的孩子，家长可适当提高任务难度；而对于较为吃力的孩子，以及学习自信丧失比较严重的孩子，建议家长通过"小步子"辅导法——与孩子共同商讨，将较大较难的目标分解为若干较小较容易的目标，引导孩子一步一个脚印地体验成功，通过小步子，实现大目标。让我们以小学低年级居家劳动课"包饺子"为例进行说明。

【亲子小妙招】——小步子，大目标

"小步子"学习辅导清单			完成情况（打√）
步骤一：确定大目标	学会包饺子（不包括和面和拌馅）		
步骤二：将"大目标"按顺序分解成"小步子"的分目标	小步子1	将面团揪成大小大致相等的面剂子	说明：起步的第一个小目标，一定是完成相对简单的、可看到成果的任务，从而确立信心
^	小步子2	将面剂子擀成圆形的饺子皮	说明：这两步，都是孩子完成难度不高但需要付出一定的努力、成果明显的任务，从而让孩子信心大增
^	小步子3	将饺子馅填进饺子皮里面	^
^	小步子4	将饺子捏合好	让孩子一步又一步通过努力完成力所能及的任务，一次又一次看到成果，进而取得学习的成功，树立自信
步骤三：总结任务及时鼓励	在任务完成后引导孩子总结经验，对孩子每一个小步子的完成给予鼓励和支持，对于自信的树立有很大作用		

自我成长篇 307

（三）睡前总结，自我比较，更能看到进步

不要让"别人家的孩子"成为孩子成长的梦魇，更不要以"完人"的标准要求孩子，要接纳孩子的优点和缺点，允许孩子犯错误。引导孩子跟自己比较，今天的我，比昨天的我哪里更成长了？经历了这次成功/失败，我收获了什么，我会改进哪里？在小学低年级，家长要善于用类似"睡前总结"的活动，以这样的思路去总结孩子的成长，引导孩子形成积极的思维模式，发现自己的进步，增强自信心。

【亲子小妙招】——睡前总结

亲子睡前总结清单（孩子篇）
1. 今天我哪件事做得特别出色？它体现了我什么品质？
2. 今天的学习中，有哪个任务让我特别有收获？
3. 今天的我和昨天的我比，哪些方面有进步？
4. 今天发生的哪件事让我觉得处理得不太好？如果下次再发生这样的事，我会怎么做
亲子睡前总结清单（父母篇）
1. 今天你做了……让妈妈/爸爸大吃一惊，我觉得你……这种品质让我很骄傲。
2. 今天的学习中，你在……这些方面做得很好，妈妈/爸爸给你点赞！
3. 今天发生了……我觉得你能处理得更好，我希望你下次……做。

总的来说，孩子学业自信的培养和提升是一个长期的、潜移默化的过程。埃里克森的人格终身发展理论认为，小学阶段（学龄期，6—12岁）的心理发展任务是形成勤奋感，抵御自卑感，体验能力的实现。这一阶段儿童在学校接受教育。

如果能够顺利地完成学习课程，学生就会获得勤奋感，这使他们在今后的独立生活和承担工作任务中充满信心。反之，则会产生自卑心理。在小学阶段，培养学生良好的自我效能感尤为重要，这会直接影响到日后的进一步学习，甚至是未来的工作。因而，在倡导素质教育的今天，家庭教育应和学校教育一道，充分重视自我效能感的教育价值，并积极运用到教育教学实践以及每一天的亲子互动中，培养孩子的自我效能感，为孩子未来一生的学习、工作和幸福生活奠基！

北京市石景山区实验中学　　王英

我的时间我做主

时间观念是对时间的感知,更重要的是对时间的把握和支配的能力。一年级是孩子从学前期进入学龄期的重要阶段,也是人生的一个重要转折,作为一年级的家长,应该帮助孩子建立起必要的时间观念,为孩子日后的学习生活打下良好基础,可以引导孩子认识感知时间,引导孩子规划管理时间,引导孩子分辨轻重缓急,引导孩子养成守时习惯,从而帮助孩子真正实现"我的时间我做主"。

经常听家长抱怨孩子没有时间观念。甚至有的父母早上一睁眼就需要启动"催促"模式,"快点起床,赶紧吃饭"……晚上回到家更要不停地提醒,"赶紧写,别磨蹭"……日复一日,搞得孩子烦,家长急。

我们都知道,时间是人们生活中不可缺少的关键因素,虽然时间看不见摸不着,但会给我们的生活带来巨大的影响。因此,时间观念的培养是不可缺少的。然而,什么是时间观念呢?时间观念就是对时间的感知,更重要的是对时间的把握和支配的能力。

一年级是孩子从学前期进入学龄期的重要阶段,也是人生的一个重要转折。他们要从以游戏为主的活动内容进入以学习为主的生活;从没有严格的作息时间的约束到必须按照严格的作息时间来约束自己。作为一年级学生的家长,应该如何帮助孩子建立起必要的时间观念,为孩子日后的学习生活打下良好的基础呢?

一、要引导孩子认识感知时间

一年级小学生在数学老师的帮助下会完成认识钟表的学习内容,然而,抽象的时间对于孩子来说是没有具体概念的,家长在家里可以为孩子提供钟表,让他们随意玩一玩,在玩的过程中感受"秒针"和"分针"的运行关系,理解和建构时间概念等。这时,家长还可以把时间和孩子日常的活动结合,例如,"今天是周末,咱们上午九点出发去奶奶家","晚上八点妈妈和你一起读书",等等,将时间概念用事件来关联,反复如此,加深记忆,让孩子对时间有初步的认识,知道它是存在于自己的生活当中的。

孩子认识时间之后,还要尝试帮助他学会并适应在规定时间完成自己的事情。例如,"在楼下再玩十分钟,我们就要回去写作业了","你用十五分钟可以完成读书作业"。这种方式不仅告诉孩子,接下来某段时间需要做些什么,孩子也知道如何执行。当然在提出规定时间的时候,建议家长要征求孩子的意见,让孩子尝试并学会根据自己的实际情况判断完成任务所用的时间。然而,要想让孩子做出合理判断,还要提高孩子对时间的敏感度。家长可以给孩子准备一个计时器感受时间的流逝;让孩子完成一分钟跳绳,观看五分钟科学小实验等,让孩子感受时间的长短。长此以往,孩子会感受到时间的紧迫性。

二、要引导孩子规划管理时间

一年级的孩子可以在父母的指导下列出每日事件清单,这样孩子才会对于自己所需要完成的事情了然于心,不会有所疏漏。当然,在列出清单时要估计出完成每项事项所需时间,如果哪件事儿用时较长,还可以在这件事儿旁边画一个进度条,及时标画出完成事项的进度,例如,孩子如果完成了1/2,

他就可以把进度条的1/2部分涂上颜色。进度条的好处是孩子能看到自己的进步，也能清晰地看到还有多少未完成的任务。在完成事项的过程中父母还可以鼓励孩子去发现哪些事情可以一起完成，初步感受到做好规划可以节约出更多的时间。

随着孩子慢慢长大，家长可以尝试指导孩子制定作息时间表，将自己的学习、生活进行规划，运用主动的方式掌握时间，坚持下去，孩子不仅可以有计划、不慌乱地面对所有事情，还能够形成做事有条理、有规则的好习惯。当然孩子在制定时间表时不易过细，太详细的计划，这样往往很难坚持下去，容易产生挫败感。

有了时间计划表，家长要做的不是时时处处提醒孩子，也不是每件事都代替孩子去做，而是引导孩子掌握正确的方法，从而让孩子能够把每天的事情都努力完成，做到"今日事今日毕"。

三、要引导孩子分辨轻重缓急

谁能完美地安排好事情的先后顺序，谁就能把时间掌握在自己手中。因此，家长还要引导孩子按照轻重缓急进行分级和排序，把紧迫的、重要的、比较困难的事情放在最前面做。然而，一年级学生年龄小，自我管理能力差，总是根据自己的喜好做出行动，对自己不喜欢的事情会拖延、逃避。因此，家长首先要给孩子讲明道理，让孩子知道什么时间应该做什么，怎么做；明确有的事情是必须做的；重要的事情即使自己不喜欢也要做，还要专注地做，不能敷衍。其次在孩子无法做出判断时，带领孩子根据事情的重要性和紧迫性给每件事情打分、排序，分类处理。慢慢地，孩子会感觉到，如果先完成重要、紧急，甚至复杂的事情，自己的心理压力也会越来越小，再做其他事情时的效率也会提高。

四、要引导孩子养成守时习惯

心理学家认为，从一个人对时间的把握上，可以看出这个人是否诚实守信。凡是认为什么事都可以迟到几分钟的人，常常会出尔反尔，会对说过的话、做过的事不负责任。而那些严格遵守时间的人，则会严格要求自己，会对自己的言行更负责任。孩子在小时候做事会出现拖拉、磨蹭的情况，其实也属于正常的现象，因为年龄小，时间观念不强，不知道守时对于自己和他人的重要性。因此，家长要采取一些科学的教育方法，帮助孩子养成守时的习惯。

（一）生活作息要规律

规律的生活作息习惯可以引导孩子自觉守时。家长可以帮助孩子合理计划并执行每日作息，逐步让孩子养成按时起床、定时入睡等习惯。规律作息还可以帮助孩子做到上学不迟到，保证孩子每天上学有良好的精神状态，提高学习效率等，这对于孩子的可持续发展是非常必要的。

（二）宣讲故事明道理

故事中有生动的情节，丰富的情感，同时也蕴含着深刻的道理。故事不仅能吸引孩子进入学习情境，也符合一年级小学生以形象思维为主的心理特点。家长可以给孩子讲一些关于守时的故事，结合故事给孩子讲守时与不守时会引发的后果，让孩子明白守时的重要性。

（三）训练守时讲方法

闹钟是教会孩子守时的最好工具，巧用闹钟对培养孩子守时的习惯很有效。对于那些晚上不按时睡觉或者早上赖床的孩子，家长可以和孩子商量好一个时限，并将其定入闹钟，时间一到就必须按照事先商量好的规定来执行，绝不能因为孩子的任性或哀求而拖延。作为家长在训练孩子守时的过程中，要时刻提醒他给自己留出充足的时间应付突发事件或者留有可以适当调整的时间、空间。

（四）奖惩结合有约定

父母在培养孩子守时习惯时，不妨和孩子一起制定一些约定，相互监督，奖惩分明。通过奖惩并用的方法，可以有效锻炼孩子守时的习惯。

（五）家长示范树榜样

在家庭生活中，家长是孩子模仿的对象。家长能够有规律地生活，能够遵守约定的时间，并且在生活中给孩子讲述守时的重要意义，那么家长的言语和行为就会潜移默化地影响孩子。因此家长一定要做到身体力行，用自己的言行给孩子做榜样。而且答应孩子的事情一定要办到，和孩子约定好的事情一定要按时办到。家长还可以让孩子把重要的事情，用画图、做笔记等方法记在日历上。

对于一年级孩子而言，时间观念的培养很重要，孩子能否安排好自己的时间，能否珍惜时间，会直接影响他的生活与学习，那些不珍惜时间、不会合理安排时间的孩子，通常缺少自我控制的能力，缺乏不断前进的动力，因此培养时间观念势在必行。然而时间观念的建立也不是一蹴而就的，从小培养孩子的时间观念，让孩子自主规划，科学管理，才能帮助孩子真正实现"我的时间我做主"。

北京第一师范学校附属小学　狄永杰

一起体验户外运动的故事

在我们渐渐模糊的童年记忆里，假期是一群在院子里楼里疯跑的孩子，夏天是一群黑黝黝小身板激起的一片片水花。如今的孩子却是学校家里两点一线，日程里排满了功课和兴趣班，上下楼坐电梯，出门汽车点对点衔接。通过体验户外运动，可以激活人的生命力，收获更多的故事和成长，把自己融入大自然的清风、阳光和雨露中，享受悠然和平静。

在我们渐渐模糊的童年记忆里，假期是一群在院子里楼里疯跑的孩子，夏天是一群黑黝黝小身板激起的一片片水花。看看如今我们孩子的生活，却是学校家里两点一线，日程里排满了功课和兴趣班，上下楼坐电梯，出门汽车点对点衔接。随着出门疯跑的请求被一次次拒绝，久而久之，孩子们似乎更愿意学大人的样子，空闲的时候便窝在沙发上刷手机打游戏。有时我会想，多年以后人类的双腿会不会退化，慢慢进化成卡通里土豆先生的样子。

一起体验户外运动的故事缘起于哥哥刚上学的第一年，属于功课辅导新手的妈妈第一次遇到传说中会考倒父母的奇特家庭作业：要求父母和孩子一起数数长城有几块砖。长城长，万里长，嘉峪关到山海关，搜遍了自己的知识库再搜百度，没找到长城有几块砖的答案。我灵光一闪，决定带孩子们一起去数数长城到底有几块砖。

第一次带孩子体验户外运动需要万全的出行计划和安排，我保守地选择了慕田峪长城，以防孩子们累了耍赖哭闹时，我能带着他们直接搭缆车往返，没什么难度也没太多惊险就能和孩子们完成他们人生中的第一次长城之旅。当然越来越懒得去折腾户外运动的妈妈也能蹭到一次不用大汗淋漓的户外之旅，挺好。到了长城脚下，爸爸建议大家一起走着上去，妹妹很爽快地答应了，噔噔地跟着爸爸走上山，而哥哥没走几步便落在了后方，开始各种哭闹耍赖不愿意走台阶。在一路游人诧异的眼光下，哥哥大哭着被凶恶的妈妈拉着扯着终于爬上了长城。稍作休整后，兄妹俩竟然开始一边赛跑一边数长城上的砖块，落后的孩子会不太愉快地哭闹一下，但一会儿便又鼓起劲，趁对方不注意率先奔向下一个烽火台。兄妹俩你追我赶地在长城上奔跑，收获了一路的哭闹欢笑。我突然意识到即使每周末有给孩子们安排游泳训练，但在他们需要去户外飞奔的成长阶段里，这仅有的体育锻炼远远不够。或许我不能再为自己的慵懒寻找各种借口和理由，或许我更应该积极地带孩子们去感受广阔户外，在他们的童年记忆里留下大自然的痕迹。

每一年冬天，在南方长大的我会对下雪有着无限的憧憬。当北方的初雪把城市和山林铺成一片白雪皑皑时，除了在温暖的室内看窗外，我总觉得还应做些什么。有一次，冰雪运动经验为零的妈妈脑洞大开，用"哥哥如果学会了滑雪以后会很帅"这种无厘头的理由，把同样滑雪零基础的一家人忽悠去滑雪，从而开始了我们的滑雪之旅。哥哥被安排去跟教练学习滑雪，当他被懵懵懂懂地推上雪道，混着各种不安和害怕，变得更加抵触尝试陌生的运动。哥哥摔了几次后就情绪崩溃了，一上午的哭闹把教练弄得手足无措。午餐休息结束，可可可怜巴巴地又被妈妈逼上了雪道，还被恐吓着说要么自己留在雪道里冻成冰块，要么自己想办法努力滑下去。母子俩在冰天雪地里僵持着，滑雪教练如天使般出现拯救了被压迫的哥哥,带着哥哥去边上学习滑雪了,其实教练也英雄般拯救了滑雪零基础却硬撑着上雪道的妈妈。从那以后,哥哥对教练信任倍增,学着协调身体的各个部位,在教练的保护下一趟趟地在雪道上练习,开始乐呵呵地享受在雪地里飞驰。元旦三天里,每个人都摔了无数跤,意外收获的惊喜是本以为只能在边上堆雪人打酱油的妹妹第一次尝试滑雪,就能顺利地滑下初级道。后来的每一个雪季里,滑雪成了一家人必不可少的运动项目。在白茫茫的广阔山坡上,兄妹俩跟着爸爸在雪道上飞奔,妈妈随后小心翼翼地跟着,偶尔还能拿出手机给大家拍照。

冬去春来,春意盎然、百花盛开的京郊更是户外徒步的圣地。山里依然春寒料峭,徒步山路十几公里,大人和孩子们被包围在漫山遍野的杏花和桃花丛林里,感受自然里处处萌发的生命力,这一切给予我们的震撼远超过城市小区里一两棵或一小片花丛带来的喜悦。在初夏的假期里,曾经的各种游乐园出行计划也被换成山谷里的徒步露营。孩子们在一天的攀登后总能在帐篷里酣睡入梦,而我常常在睡袋里翻来覆去。黎明时分,当听到各种虫鸣鸟叫时,便爬起来上山顶看日出,一路上伴着山涧里的流水潺潺,倾听自己心里的声音。朋友们都很讶异我这些年的变化,确实我也能感觉到在经历了一次次的自然风吹和日晒后,自己的生命力又一次次被激活。

此后的每个暑假,孩子们的户外之旅延伸到大兴安岭,走过呼伦贝尔大草原，攀爬川藏线上的雪山，穿越腾格里沙漠，感受离天空很近的西藏，还在喀纳斯喀拉峻草原上追逐满山的羊群。我们的户外运动故事缘起于孩子们成长的刚需，如今我们一起用双脚丈量祖国大地，每一次旅程都会收获更多的故事和成长，积累更多对彼此的信任，一起把自己融入大自然的清风、阳光、雨露中，享受悠然和平静。

北京小学大兴分校亦庄学校家长　李聪

点燃孩子学习的自觉性

如今,"使每一个孩子终身学习"成为时代命题,其主阵地是家庭。家长应晓之以理,为孩子描绘一张自觉学习的图画;明以对策,教导孩子自觉学习的方法;潜移默化,给孩子营造一种体验自主学习的家庭氛围;循序渐进,为孩子搭建一个提高学习自主性的阶梯,从而使孩子养成学习的自觉性,开辟一条通向成功之路。

进入二十一世纪以来,世界发生了很大的变化,"使每一个孩子终身学习"成为时代命题,其主阵地是家庭。如果一个孩子养成了自觉学习的好习惯,那么这主要归功于孩子自身;如果孩子始终处于被动学习的状态,那么这主要归过于父母未能成功地培养孩子自觉学习的好习惯。孩子学习的自觉性较好主要是孩子配合父母教育、引导的结果。

一、晓之以理:为孩子描绘一张自觉学习的图画

孩子学习没有自觉性已经成为现代教育的一大难点。这其中包含众多因素,社会风气、家庭教育、孩子自身的兴趣,等等。家庭的影响尤其重要。

有些家长朋友虽然对孩子学习不自觉感到很苦恼,但自己并未真正地分析过其中的问题所在。首先,家长要认识到培养孩子自觉学习习惯的重要性,这样,才能从每天的"陪读"工作中解脱出来,变恶性互动为良性互动,减少监督成本。

家长们总是以为孩子理解能力差,不能明白事理。因此在对待子女的学习问题上习惯于用命令的口吻、简单粗暴的态度,这恰恰容易让孩子产生逆反心理,更加讨厌学习。这样既浪费了家长的时间,还导致家长与孩子关系僵化。

作为父母,我们首先要认识到,孩子具有自己的思维和理解能力,他们对社会、对各种事物的认知需要我们加以正确的引导。我们必须以适当的方式告诉孩子,自觉学习不仅是一

种好的学习习惯,还会扩展至生活以及为人处事等各个方面。其还是一种综合能力,能够辐射到其他方面。例如自觉地讲卫生,做家务,助人为乐等。

要从正反两方面启发、教导,最好能结合孩子感兴趣的、了解的实例,讲清自觉学习的意义,培养其学习兴趣,变强制的被迫接受为自觉学习;分析不自觉学习的害处、消极完成任务的痛苦,等等。鼓励孩子,使他认定自己有能力并应该具备自觉性。

二、明以对策:教导孩子自觉学习的方法

仅仅帮助孩子认识到自觉学习的重要性,是远远不够的,还需要与孩子共同研究一条可取的养成自觉学习习惯的对策。要讲究科学化,学会统筹安排;规范化,制订学习计划,有条不紊;制度化,形成惯例,依次完成各种作业。每日如此,变偶然为必然。

比如孩子刚上小学一年级时,家长可以在辅导他写作业的同时,指导他如何高效完成当天的作业,预习第二天的功课,并按照第二天的课程表往书包里装入需要的书,取出不用的书本工具。第三个星期,家长可以让孩子开始独立完成。起初,孩子偶有遗漏书本文具、忘写作业的情况发生,遭到老师批评后,他会更加细心。

孩子自觉的学习习惯的养成,锻炼了他独立生活的能力,

也使得我们能够给他更多的自主自由的空间，孩子没有压抑的感觉，与家长的关系也更为融洽。

三、潜移默化：给孩子营造一种体验自觉学习的家庭氛围

仅仅要求孩子自觉学习，而自己却坏习惯满身，不思进取，整天处于贪图享乐状态，这样的家庭，孩子是不会形成良好的学习和生活习惯的。父母，是孩子人生第一课的重要教导者，应"以身立教，以德育德，以行导行"。潜移默化的作用是巨大的，家长的好习惯会引导出孩子的好习惯，家长的坏习惯也正是孩子不良习性的祸源。试想一下，一个家庭里，父母没有读书学习的习惯，孩子的自觉学习又从何谈起？

孩子小时候读书，多是随意的，需要父母加以正确的指导和培养，才能形成良好的学习、读书习惯。我们应为孩子创造一个良好的家庭学习氛围。比如：多陪孩子逛书店；每天晚上的时间不是交给电视，而是阅读各自喜欢的图书，从而形成固定的读书时间。在这样的学习氛围中，孩子的心里，自然会形成一种读书是生活的必需的认知。书本可充实孩子的知识，拓展孩子的视野，教会孩子更多待人处事的道理。当孩子从中获得了收益时，他就愿意读更多的书，这无形中培养了孩子自觉学习的习惯。

所以说，和谐的学习生活环境，良好的读书氛围，会在

潜移默化中促进孩子自觉学习的好习惯的形成。

四、循序渐进：为孩子搭建一个提高学习自觉性的阶梯

坏习惯通常是在不知不觉中形成的，而好的习惯的形成，则需要长时间的努力，不能有丝毫的松懈。童年，是好习惯形成的关键时期，也是最佳时期，好习惯一旦养成，终身受益。

但孩子毕竟是孩子，他的自制力不会像成人一样，学习松懈、犯错误是难免的。自觉的学习习惯的养成需要一个过程，要循序渐进，不可能一蹴而就。所以，做父母的一定要制定切实可行的家庭奖惩制度。平时加强督促，发现孩子的进步时，要不吝表扬，让孩子感受到被鼓励；发现错误时，必须进行及时的教育和引导。孩子每个阶段的进步和出现的问题，做父母的都必须了如指掌，并及时予以奖惩，让孩子能看到自己在自律、自省方面的提高和不足。必须注意的是，父母在教育孩子的问题上，态度一定要一致，要形成统一口径，即使有分歧，也不能在孩子面前争执，这样才能强化制度的重要性，否则制度就形同虚设。

当然，制度不能仅仅适用于孩子，所有的家庭成员都必须遵守，父母违规也要受到惩罚，这样孩子感觉到措施是公平的，才能自觉自愿地遵守制度。

孔子曰："少成若天性，习惯如自然。"童年时养成的良好

习惯，会终身受益。孩子少时养成学习的自觉性，会给他开辟一条通向成功之路。所以，身为父母的我们，一定要努力去点燃孩子的自觉性。

北京市二十一世纪学校　彭丽国